Paul König

Fahrten der U Deutschland im Weltkrieg

Paul König

Fahrten der U Deutschland im Weltkrieg

ISBN/EAN: 9783954272860
Erscheinungsjahr: 2013
Erscheinungsort: Bremen, Deutschland

© maritimepress in Europäischer Hochschulverlag GmbH & Co. KG, Fahrenheitstr. 1, 28359 Bremen. Alle Rechte beim Verlag und bei den jeweiligen Lizenzgebern.

www.maritimepress.de | office@maritimepress.de

Bei diesem Titel handelt es sich um den Nachdruck eines historischen, lange vergriffenen Buches. Da elektronische Druckvorlagen für diese Titel nicht existieren, musste auf alte Vorlagen zurückgegriffen werden. Hieraus zwangsläufig resultierende Qualitätsverluste bitten wir zu entschuldigen.

Fahrten
der U Deutschland
im Weltkrieg

Fahrten der U Deutschland im Weltkrieg

Von

Paul König
Kapitän des Untersee-Frachtschiffes
„Deutschland"

Mit 17 Aufnahmen

Im Verlag Ullstein · Berlin

Die friedlichste Schlacht, die im Weltkrieg geschlagen wurde, war die Fahrt des Handels-Unterseeboots „Deutschland" nach Amerika. Deutscher Wille und deutscher Geist haben die Fesseln der Blockade zu durchbrechen vermocht. Kapitän Paul König, der Führer der „Deutschland", hatte noch im Krieg die Erlebnisse der ersten Amerikafahrt aufgezeichnet, und der Ullstein-Verlag hat das Buch herausgebracht. Wenn wir uns heute zu einer Neuauflage entschließen, so scheint es uns in unserer Zeit, die sich wieder auf die große Vergangenheit besinnt, Dankespflicht zu sein, auch der Männer zu gedenken, die nicht nur auf den Schlachtfeldern sich opferten, sondern die in stiller, zäher Arbeit ihr Teil dazu beitrugen, die Kriegsnot zu überwinden. Paul König hat in seinem Buch all diesen ein Denkmal gesetzt. In der Neufassung sind die Schilderungen der Fahrt der „U-Deutschland" durch einige interessante, unbekannte Erlebnisse und Mitteilungen erweitert.

Der Verlag

Vorwort

Die Fahrt des Handels-Unterseebootes „Deutschland" hat lange genug die öffentliche Meinung der Alten und Neuen Welt in Spannung gehalten. Die wildesten Gerüchte über unsere Fahrt und unser Schicksal sind in einer ganzen Reihe von Zeitungen aufgetaucht, der schönen Phantasien gar nicht zu gedenken, in denen die Engländer soundso oft meldeten, daß wir gestrandet oder versenkt oder gar in Frachtkolli verpackt nach Amerika versandt seien. Wie haben wir uns auf See gefreut, wenn unser F.-Telegrafist wieder einmal so eine recht fette englische Ente aus der Luft aufgefangen hatte! Mit desto größerem Vergnügen gehe ich jetzt daran, eine Schilderung von unserer märchenhaften Fahrt und ihren Abenteuern zu geben.

Ach, und sie war ja gar nicht so märchenhaft, diese Fahrt, das durfte sie eigentlich gar nicht sein. Auch den Abenteuern sind wir nach Möglichkeit recht weit aus dem Wege gegangen.

Man erwarte sich darum in diesem kleinen Buch keine Reihe von spannenden Erlebnissen, wie sie in den

Schilderungen der Fahrten von Frontbooten stehen. Unsere Aufgabe war ja, möglichst glatt und ohne Zwischenfälle unsere wertvolle Fracht nach Amerika zu bringen, die englische Blockade zum besten zu haben und mit ebenso wertvoller Ladung wieder sicher zurückzukommen. Das haben wir erreicht, und das soll hier geschildert werden.

Einen besonderen Dank aber will ich hier noch meinen beiden Wachoffizieren Krapohl und Eyring aussprechen. Die Aufzeichnungen dieser beiden Herren ergänzten meine Darstellung in vielen Punkten. Man kann nicht immer auf dem Turm — fast hätte ich in alter Gewohnheit „Brücke" gesagt — stehen, und sechs Augen sehen mehr als zwei. Sehen muß man aber auf dem U-Boot vor allem. Eine ganze Reihe der hier erzählten Vorfälle entstammt den Beobachtungen meiner Offiziere. Wie sie auf der Fahrt meine getreuen, nie ermüdenden Gefährten waren, so sind sie auch für die Schilderung der Fahrt meine Mitarbeiter geworden. Darum danke ich ihnen noch ganz besonders. Und meine Leser wohl auch.

Paul König

Kapitän Paul König

Sitzung der „Deutschen Ozean-Reederei"
vorn Kapitän König, in der Mitte Vorsitzender Alfred Lohmann

„U-Deutschland"

Herbst 1915. An den maßgeblichen Stellen der deutschen Heeresleitung war man sich längst klar geworden, daß der Krieg nicht das erwartete schnelle Ende nehmen würde trotz der großen Erfolge der deutschen Armeen im Osten, trotz der Unerschütterlichkeit des eisernen Walls der Front im Westen, die in zäher Verbissenheit allen Anstürmen der Gegner standhielt.

Doch wuchs mit der Dauer des Krieges auch der Druck der feindlichen Blockade. Die Ernährungslage verschlechterte sich, die für unser Kriegsmaterial so notwendigen Rohstoffe wurden immer knapper, eigene Rohstoffquellen hatten wir kaum. Der Gedanke lag infolgedessen eigentlich nahe, daß man versuchte, mit Unterwasserschiffen die abgebrochenen Handelsbeziehungen mit überseeischen Ländern, besonders mit Nordamerika, wiederaufzunehmen.

So ungewöhnlich und kaum durchführbar der Plan auch schien — denn Erfahrungen, in ruhigen Friedensjahren gesammelt, gab es gar nicht —, war er doch nicht unmöglich. Denn unsere Kriegs-U-Boote hatten auf ihren Fahrten gezeigt, zu welchen Leistungen ein Unterwasserschiff fähig ist. U-Boote der Kriegsmarine hatten doch ihre Seetüchtigkeit auf Fahrten von Wilhelmshaven bis Konstantinopel ohne Zwischenlandung bewiesen: dreißig Tage und mehr waren deutsche Unterseeboote ohne Unterbrechung in See gewesen.

Warum sollten Unterwasserschiffe nicht auch als Frachtboote möglich sein? Es kam nur darauf an, diesen Gedanken Wirklichkeit werden zu lassen, die Idee und Pläne, die schon bald nach Beginn des Krieges auftauchten, in die Tat umzusetzen.

Es fand sich auch der Mann, der diese Tat wagte: Alfred Lohmann, der Vorsitzende des Norddeutschen Lloyd und Präsident der Bremer Handelskammer. Er setzte sich mit Reedereien in Verbindung, um die Frage, ob der Bau so großer Tauchboote möglich sei, prüfen zu lassen. Wichtig war dabei festzustellen, ob die Nutzladung, die ein solches Unterseeboot tragen könnte, die Baukosten und das Risiko der Fahrt aufwiegen würde. Herr Lohmann beauftragte die A.-G. „Weser"-Werft mit den Entwürfen zum Bau eines Handels-Unterseebootes von ungefähr vierhundert bis fünfhundert Tonnen Tragfähigkeit. Während diese Pläne ausgeführt wurden, waren gleichzeitig bei der Kruppschen Germaniawerft in Kiel ähnliche Pläne erwogen worden. Eine seltene Duplizität der Ereignisse, des Wollens und des Könnens.

Da die Germaniawerft ein größeres Boot bauen wollte, sechshundert Tonnen, und die Ausführung in wesentlich kürzerer Zeit fertigstellen konnte, wurde von der inzwischen gegründeten Deutschen Ozean-Reederei an die Germaniawerft der Auftrag zum Bau von zwei Booten gegeben.

Am 8. November 1915, als die „Deutsche Ozeanreederei G. m. b. H." in das Handelsregister zu Bremen eingetragen wurde und kein Mensch ahnte, was sich hinter dieser harmlosen Firma verbarg, da waren die Spanten der „U-Deutschland" schon errichtet, und mit dem Bau des Schwesterschiffs, der „U-Bremen", die von der „Weser"-Werft ausgeführt wurde, war begonnen.

Die Hauptabmessungen der U-Deutschland waren: Länge 65 Meter, größte Breite 8,9 Meter, Tiefgang etwa 4,5 Meter.

Der Ölvorrat war so groß bemessen, daß er jedesmal für die Hin- und Rückreise nach Amerika ausreichte.

Die Tragfähigkeit betrug etwa 750 Tonnen. Das Boot war als Tauchboot ausgeführt, bestand also aus einem druckfesten Schwimmkörper, in welchem sich die Maschinen, Wohnräume und Laderäume befanden, und aus einem leichten Außenschiff, welches die Tauchtanks und die Ölbunker enthielt; der Druckkörper war durch sieben wasserdichte Schotte in folgende Räume unterteilt: Heckraum, Maschinenraum, hinterer Laderaum, Zentrale, hinterer

Akkumulatorenraum, vorderer Akkumulatorenraum, vorderer Laderaum, Bugraum.

Die Maschinenanlage bestand aus zwei sechszylindrigen Viertakt-Dieselmotoren für die Überwasserfahrt und den mit ihnen durch eine Reibungskupplung gekuppelten Hauptelektromotoren für die Unterwasserfahrt.

Durch den vor dem Maschinenraum liegenden Laderaum führte ein Tunnel zur Zentrale, in der alle für die Bedienung des Schiffes bei der Unterwasserfahrt erforderlichen Einrichtungen vereinigt waren.

Die vor der Zentrale liegenden beiden Abteilungen enthielten unten die Akkumulatoren- und oben die Wohnräume für die Mannschaften. Durch den vorderen Laderaum führte wiederum ein Tunnel nach dem Bugraum, in dem verschiedene Antriebsmotoren untergebracht waren. Bug- und Heckraum waren außerdem noch für Wohnzwecke nutzbar gemacht.

Ich habe mit dieser Darstellung der technischen Einrichtungen des Handels-Unterseebootes „Deutschland" aber schon etwas vorgegriffen.

Als mich der Ruf traf, ein Unterwasser-Handelsschiff nach Amerika zu führen, waren die Pläne für das U-Boot zwar schon vorhanden, aber mit dem Bau noch nicht begonnen.

Doch davon ahnte ich noch nichts, als ich im September

1915 in Berlin, wo ich Geschäfte zu erledigen hatte, die Nachricht erhielt, Herr Lohmann vom Norddeutschen Lloyd aus Bremen erwarte mich zu einer dringenden Besprechung im Adlon. Das war für mich, einen Kapitän ohne Schiff — denn meine brave „Schleswig" hatte ich schon lange verlassen müssen —, natürlich eine überraschende Mitteilung. Ich wußte wohl, wer der Chef des bekannten Bremer Hauses war, kannte Herrn Lohmann auch persönlich von früher her aus Sydney, wo das Haus die Agentur des Lloyd hatte.

Was wollte Herr Lohmann aber jetzt von mir, jetzt im Weltkriege, während die „deutsche Schiffahrt von allen Meeren gefegt" war, wie man täglich in englischen Zeitungen lesen konnte? Eine deutsche Linie nach den Straits und Australien ließ sich zur Zeit nicht gut in Betrieb nehmen. Und in der Ostsee hatte die Firma doch keine Handelsbeziehungen! Was will man jetzt von einem alten Ostasien-, Amerika- und Mittelmeerfahrer?

So überlegte ich hin und her, während ich mich nach dem Adlon auf den Weg machte.

Herr Lohmann begrüßte mich sehr freundlich. Er machte nicht viel Umschweife; er erwähnte die schönen Tage in Sydney, fragte mich, ob mir das stille Herumsitzen an Land wohl behage und ob ich nicht wieder auf „große Fahrt" gehen wolle.

Was soll ein alter Handelskapitän da viel sagen, der sein Schiff im halben Feindesland hat verlassen müssen und an Land wie ein Wrack herumliegt, während vor dem Kanal und an den Shetlands ununterbrochen die englischen Kreuzer lauern und vier Meilen von New York selbst die amerikanische Post von den neutralen Schiffen heruntergeholt wird ...?

Ich zuckte die Achseln und schwieg.

Da kam es heraus. Herr Lohmann sagte mir geradezu, daß er sich mit dem Gedanken trüge, eine Linie mit Unterwasser-Handelsschiffen nach Amerika einzurichten, und fragte mich, ob ich gewillt wäre, das erste Boot zu führen. Die erste Fahrt sollte nach Newport News gehen. Ich hätte doch von meinen Fahrten auf den Schiffen der Baltimore-Linie des Norddeutschen Lloyd her Kenntnis von den Gewässern und Tiefenverhältnissen vor der Chesapeake-Bay; ob ich mich imstande glaubte, solch ein Frachtunterseeboot sicher über den Atlantik zu bringen, wenn die Sache wirklich abkäme.

Das gab mir einen Riß.

Ich bin niemals ein Freund von langem Hin- und Herreden gewesen, und so sagte ich sofort „ja". Das war doch mal etwas, wo sich ein Kerl, der über fünfundvierzig Jahre alt war, in diesem Krieg der „schwarzen Listen" und des täglichen Postraubs noch betätigen konnte.

„Herr Lohmann", sagte ich, „wenn die Sache wirklich abkommt, dann haben Sie mich."

Und „die Sache kam wirklich ab".

Es waren noch keine zwei Monate vergangen, als mich ein Telegramm nach Bremen zu einer wichtigen Unterredung rief. Da sah ich denn auch Risse, Pläne, Skizzen und Konstruktionszeichnungen, daß mir fast die Augen übergingen. Und als ich dann nach weiteren vier Monaten, die ich wahrhaftig nicht ungenützt verstreichen ließ, nach Kiel fuhr, da baute sich drüben in Gaarden auf einer Helling ein seltsames Stahlgebilde vor mir auf. Rundlich, behäbig und ganz harmlos lag es da und barg doch in seinem Innern all das Vielfältige, Überwältigende, Komplizierte jener Zeichnungen und Risse; ich kann nicht sagen, daß die ausgeführte Wirklichkeit zunächst etwas leichter verständlich und faßbar gemacht hätte, was auf dem blauen Papier mit dem unendlichen Netz von Strichen und Linien Sinn und Auge bedrückt und verwirrt hatte.

Meine Leser, die einmal in illustrierten Blättern Aufnahmen vom Innern der „Zentrale" oder des „Turms" eines U-Bootes gesehen haben, werden das verstehen; und wenn sie sich angesichts dieses wilden Durcheinanders, Nebeneinanders und Übereinanders von Rädern, Ventilen, Schrauben, Hähnen, Rohren und Röhrchen, angesichts dieser verwirrenden Anhäufung von Hebeln und

Apparaten, deren jeder doch seinen höchst wichtigen Zweck und seine unerläßliche Bedeutung haben muß, wie vor den Kopf geschlagen vorkamen, so mögen sie sich trösten: mir ist es zunächst nicht anders ergangen.

Aber als dies Röhrenungetüm dann getauft worden und mit seinem graugrünen Riesenleib in majestätischer Ruhe ins Wasser geglitten war, da wurde es zum Wasserfahrzeug, zu einem Schiff, das regelrecht in seinem Element schwamm, als wäre das immer schon so gewesen.

Ich betrat zum erstenmal das schmale Deck und stieg auf den Turm, auf seine Navigationsplattform; von dort sah ich hinab und war überrascht: unter mir erstreckte sich ein langes, schlankes Fahrzeug mit graziösen Linien und fast zierlicher Form; nur an den Seiten, wo sich der grüne Leib so massig aus dem Wasser wölbte, konnte man ahnen, wie gewaltig der ganze Rumpf sein mußte.

Mit stolzem Entzücken umfaßte mein Blick das ganze Gebilde, das sich unter mir leise wiegte, Feinheit und Wucht sinnvoll vereinend.

Nun wußte ich: was mir zuvor wie eine Ausgeburt ausschweifender Technikerphantasie erschienen war, das war ein Schiff, mit dem es sich über See fahren ließ, ein richtiges Schiff, an das ein alter Seemann schon sein Herz hängen konnte.

„U=Deutschland" im Bau

Fertig zum Stapellauf

Da legte ich meine Hand auf die Brüstung des Turmes von „U-Deutschland" und gelobte ihr Treue.

So bekam mich „U-Deutschland", so wurde ich Kommandant des ersten Unterwasser-Frachtschiffes.

Ich war stolz darauf, der erste Führer eines solchen Bootes zu sein, stolz auf den Auftrag, mit meinen Kräften dazu beitragen zu dürfen, den Druck der Blockade zu schwächen, wenn nicht auf diesem Weg sogar ganz beseitigen zu können. Es wäre, so phantastisch das auch klingen mag, dies wohl möglich gewesen, hätten die USA., durch die gegnerische Greuelpropaganda verhetzt, durch gewinnsüchtige und politisch-engstirnige Wirtschaftsführer und Staatsmänner falsch geleitet, uns nicht den Krieg erklärt. Denn es war ja geplant, noch mehr solcher Handels-Unterseeboote zu bauen, die einen regelmäßigen Frachtverkehr zwischen Nordamerika und Deutschland herstellen sollten. Wie wesentlich sich unsere Rohstofflage durch solchen Unterwasser-Handelsdienst verbessert hätte, wird daraus klar, wenn man bedenkt, daß zum Beispiel durch eine einzige Schiffsladung Gummi, die „U-Deutschland" 1916 aus Amerika brachte, der Kriegsbedarf für ein halbes Jahr gedeckt wurde.

Vorläufig aber sah ich mich also mit dem Auftrag, „U-Deutschland" nach Amerika zu bringen, vor eine ganz neue und eigenartige Aufgabe gestellt, die mir auch neu gewesen wäre, wenn ich nicht ein alter Lloyd-Kapitän und „dicker Dampfer"-Führer, sondern ein junger Frontbootkommandant gewesen wäre.

Deutschland darf stolz sein, daß deutscher Erfindergeist und deutscher Unabhängigkeitswille sich fanden, um alle Fesseln, die um uns gelegt waren, zu sprengen, und daß es sogar gelungen ist. Wir dürfen aber auch stolz sein, daß ein deutsches Handels-Unterseeschiff zum erstenmal in der Geschichte der Seefahrt dieses Wagnis unternommen hat.

Was will es dagegen besagen, daß kanadische Kriegsboote schon vor uns den Atlantik gekreuzt haben! Sie fuhren in Gesellschaft, fuhren stets ausgetaucht und in Begleitung von Torpedobooten, Kreuzern und Hilfsschiffen; sie fuhren auch insofern unter anderen, günstigeren Bedingungen als ein Handels-Unterseeboot, als sie nur Proviant und Munition und außer ihrer Bewaffnung keine tote Last hatten; vor allem aber konnten sie sich im Notfall verteidigen. Die einzige Verteidigung des Unterwasser-Frachtschiffes aber besteht im Wegtauchen. Und auch das kann man mit einem so großen, fast zweitausend Tonnen fassenden Schiff nicht überall.

Erprobung und Ausfahrt

So begann auch für mich in diesem Frühjahr 1916 eine ganz neue, seltsame und wunderbare Zeit, als endlich die ersten Probefahrten mit unserem neuen Boot erfolgten.

Tag für Tag ging es hinaus in die Buchten, hinab in die Tiefe. Wir übten bei jedem Wetter und bei jeder Gelegenheit. Jeder Mann der auserwählten Besatzung war sich bewußt, welche Aufgabe wir hatten.

Es galt, die Fähigkeit zu erwerben, das feinste und komplizierteste Fahrzeug zu lenken, das letzte Erzeugnis raffinierter und kühner Berechnungen; es galt, das ausgeklügeltste Wunderwerk moderner Schiffbaukunst, ein Unterseeboot, kennen und beherrschen zu lernen. Wir mußten imstande sein, der schweren Masse von nahezu zweitausend Tonnen unseren Willen aufzuzwingen, daß sie dem geringsten Druck der Ruder gehorchte, daß sie drehte und manövrierte wie ein Torpedoboot, daß sie im Wasser stieg und sank wie ein Lenkballon in der Luft.

Es galt, die Zuverlässigkeit des ungefügen Stahlkörpers zu erforschen, die Wucht und die Lenksamkeit seiner gewaltigen Maschinen zu erproben, seinen Unvollkommenheiten oder Tücken auf die Spur zu kommen, ihm die Geheimnisse seiner Beweglichkeit und seiner phantastischen Fischnatur zu entlocken.

Ein Unterseeboot ist launisch wie eine Frau und verletzlich wie ein Rennpferd; es ist bieder wie ein Trampdampfer und zuverlässig wie ein Schlepper; es kann gute Eigenschaften haben und — nicht gute; es kann lenkbar sein wie eine Rennjacht und bocken wie ein Karrengaul, und es gehorcht nur dem, der es bis in seine letzten technischen Einzelheiten kennt.

So trieben wir uns wochenlang draußen auf dem und unter dem Wasser herum, studierten unser Boot, suchten uns mit all seinen Möglichkeiten vertraut zu machen und in die Eigenart dieses nautischen Amphibiums einzudringen.

Und wenn wir dann aus der Stille der Buchten zurückgekehrt waren in den schmetternden Lärm der Niethämmer und in das rastlose Dröhnen der Werft, dann saßen wir stundenlang mit den Konstrukteuren zusammen und tauschten Erfahrungen aus. Aus der erprobten Wirklichkeit ergab sich so manche Anregung und Unterlage für neue Pläne und neues Schaffen.

Ich kann kaum hoch genug schätzen, wieviel ich dem Zusammenarbeiten mit den Herren der Werft verdanke.

Unermüdlich waren sie uns behilflich, das wunderbare Erzeugnis ihrer geistigen Arbeit auf all seine Eigenheiten zu erproben, und noch am Tage unserer Abfahrt war der geniale Konstrukteur des Bootes, Oberingenieur Erbach, nach unserem Ankerplatz hinausgefahren, um einen letzten Tauchversuch mitzumachen.

Die Besatzung war natürlich ganz besonders ausgesucht worden, zum Teil waren es Leute, die schon auf Kriegs-U-Booten Dienst getan hatten und also mit der Technik eines Unterwasserschiffes vertraut waren. Das erleichterte alles sehr, und im übrigen waren die Leute alle mit Feuereifer dabei und waren stolz, die erste Fahrt mitmachen zu dürfen. Sechs Wochen der Übung vergingen bei der täglichen Arbeit wie im Fluge.

So war der Tag der Abfahrt herangekommen.

„U-Deutschland" war beladen worden, die wertvolle Ladung lag wohlverstaut in den Räumen, das ganze Boot war noch einmal überholt und in sorgfältigsten Trimm gebracht worden. Wir faßten Proviant für die lange Reise, und zuletzt kamen noch Zigarren und — Grammophonplatten an Bord.

Damit waren für uns alle möglichen Genüsse sichergestellt, und „U-Deutschland" war fahrbereit.

Auch wir waren bereit. Das Abschiednehmen von allen Lieben in der Heimat lag Gott sei Dank hinter uns;

es ist bei solch einer Fahrt ins Ungewisse immer ein böser Augenblick, der am besten rasch überwunden wird. Als letzte schütteln uns die Männer der Germaniawerft die Hand. Dann wird der Laufsteg eingezogen, ich lasse die Mannschaft auf ihre Stationen treten und steige auf den Turm. Der Schlepper liegt schon neben uns und nimmt die Trosse über; ich rufe in die Zentrale „Achtung!" und hebe die Hand: der große Augenblick ist da.

„Los die Achterleinen!"

„Sind los!"

„‚Charlotte' abschleppen!"

Der Maschinentelegraf auf dem dicken kleinen Schlepper klingelt, das stämmige Fahrzeug strammt die Trosse und zieht langsam das Heck unserer „Deutschland" von ihrem Liegeplatz an der Werft.

„Los die Bugleinen!"

„Sind los!"

Ich lasse die Schlepptrosse loswerfen und beide Maschinen zunächst halbe Fahrt mit Backbordruder vorausgehen; wir drehen noch, kommen von der Werftmauer, wo ein großes, graues Frontboot seine letzte Ausrüstung erhält, gut klar, dann lasse ich das Ruder mittschiffs legen und befehle: „Beide Maschinen äußerste Kraft voraus!"

Das Achterschiff beginnt in rhythmischen Vibrationen unter dem vermehrten Maschinendruck zu erzittern, schaumig flutet das Schraubenwasser ab, wir kommen in Fahrt, und immer schneller schiebt sich die „Deutschland" durch das schmutzige Hafenwasser hinaus aus der Bucht. Die Fahrt geht zunächst durch den Kaiser-Wilhelm-Kanal zur Weser, wo die Ladung komplettiert wird. Die Schiffspapiere und Kurierpost bringen die Herren der Reederei mit einem besonderen Schlepper an Bord, und ohne jedes Aufheben, still und ohne der Welt bekannt zu werden, tritt die „Deutschland", das erste Tauchschiff der Welt, für das es keine Blockade gibt, seine denkwürdige Reise an, hinaus auf die hohe See, der Freiheit der Meere zu.

Der erste Tag in See

In langer Dünung rollt uns die Nordsee entgegen; das Wetter ist klar, und der Wind weht steif aus Nordnordwest. Ich stehe allein mit meinem ersten Wachoffizier auf dem Turm, in der "Badewanne". So haben wir die feste Schutzwand getauft, die sich oben auf der Navigationsplattform in fein geschwungener Linie rings um das Turmluk herumzieht und wie eine Art Ballongondel aussieht. Vor ihr befindet sich der obere Steuerstand, der aber nur bei gutem Wetter benutzt werden kann.

Heute stehen wir in Ölzeug hinter dem Schutz, denn die See ist gerade bewegt genug, um schon alles zu durchnässen. Das Deck ist ständig überspült, und alle Augenblicke klatscht es an den Turm. In der Hand das Sprachrohr nach der Zentrale, wo der Rudergänger die Befehle durch den Telegraf in die Maschine schnarren läßt, lauert man: ein dumpfes Bumsen, der Bug taucht ein, schäumend poltert es über das Deck und zischt am Turm hoch; dann gilt es, in Gedankenschnelle das Turmluk zuzuwerfen und sich im knisternden Ölzeug hinter die Schutzwand zu ducken... diese Turnübung wiederholt sich alle paar Minuten.

Dazwischen steht man, hört den Wind in den Stagen der Masten sausen und blickt in die Runde. Seit einiger Zeit schon ist die deutsche Küste im Südosten hinter uns außer Sicht gekommen, und das begleitende Torpedoboot, das vor uns fährt, ist das letzte Stückchen Heimat.

Bald nähern wir uns der äußersten deutschen Vorpostenkette; vier Bewachungsfahrzeuge fahren an uns in Kiellinie vorbei und heißen das Signal: „Glückliche Reise!" Unser treuer Begleiter kommt nun näher herangeschossen; seine Mannschaft bringt drei kräftige Hurras auf uns aus, die Offiziere auf der Brücke legen grüßend die Hand an die Mütze, und wir zwei einsamen Männer auf dem Turm grüßen zurück; dann duckt sich das schwarze Boot in eine See, macht eine prächtige Wendung, dreht mit wirbelndem Kielwasser ab, wird kleiner und kleiner und verschwindet bald mit wehender Rauchfahne.

Wir sind uns nun selbst überlassen und fahren ins Ungewisse.

Ich lasse uns nicht viel Zeit, darüber nachzudenken. Von allen Seiten droht uns jetzt Gefahr, und ich muß Gewißheit haben, daß das Boot im besten Trimm ist, daß ich es mit Maschinen und Tauchvorrichtungen fest in der Hand halte.

Ich gebe das Kommando: „Klarmachen zum Prüfungstauchen!"

Sofort kommen die Meldungen von Turm und Zentrale zurück, und die Leute eilen auf ihre Tauchstationen. Noch hämmern die Ölmotoren in ihrem wilden Takt; dann lasse ich die Alarmglocke schrillen und springe in den Turm; das Turmluk wird geschlossen, zugleich schweigen die Ölmotoren.

Einen Augenblick empfindet man einen leichten Druck in den Ohren; wir sind abgesperrt nach außen, und es wird still.

Aber es ist keine wirkliche Stille; es ist nur der Wechsel.

Denn das Kommando ertönt: „Tauchklappen auf!" „Fluten!"

Was nun kommt, ist so seltsam eindrucksvoll, daß man es nicht mehr vergessen kann, wenn man es einmal erlebt hat.

Die Tauchventile werden aufgerissen, und mit einem Zischen weicht die gepreßte Luft aus den Tanks. Zugleich erhebt sich ein gigantisches stoßweises Pusten, wie ein urweltliches Schnauben und Blasen, das man fast schmerzhaft in den Ohren drücken fühlt; dann wird das Geräusch gleichmäßiger, aber es kommt jetzt ein hohes Summen und pfeifendes Schwirren hinzu: alle hohen Töne der Maschinerie in der Zentrale vereinen sich und vollführen einen verwirrenden Lärm; es ist wie ein irrsinniger, diabolischer Singsang, der nach dem dunklen, schweren Hämmern der Ölmotoren doch fast wie eine Stille empfunden wird, nur eindringlicher und aufreizender. Das durchdringende Surren in den vielen Ventilen verkündet, daß der Tauchmechanismus im Gange ist. Er summt und singt ganze Tonleitern herunter, und bei diesen langsam abnehmenden und tiefer werdenden Tönen hat man geradezu das körperliche Gefühl von dem Einströmen und Fluten gewaltiger Wassermassen; man glaubt, mit dem Boot schwerer zu werden und zu sinken, auch wenn man nicht durch die Turmfenster und im Sehrohr erkennen könnte, wie droben das Vorschiff eintaucht, wie das Geländer schäumend in die Wogen schneidet und das Wasser am Turm immer höher spült, bis draußen alles in das zauberhafte Zwielicht der Tiefe gehüllt ist.

Nur unsere treuen Lampen leuchten, und es ist jetzt wirklich still geworden. Man hört nur den leise bebenden Rhythmus der E.-Maschinen.

Nun kommt das Kommando:

„Auf zwanzig Meter gehen!"

„Beide Maschinen halbe Kraft voraus!"

Auf dem Manometer kann ich unser Tiefergehen

verfolgen. Durch das Fluten haben wir unserem Boot einige Tonnen Untertrieb gegeben — haben wir den abgeschlossenen Schiffskörper schwerer gemacht als die von ihm verdrängte Wassermenge —, und unser Riesenfisch sinkt also in seinem Element nach unten, fällt gewissermaßen. Zugleich fahren wir aber auch mit den E.-Maschinen, und die vorwärtstreibende Schraubenkraft bringt Druck und Wirkung auf die Tiefenruder und macht aus dem Versinken ein Abwärtsgleiten. Ist nun die befohlene Tiefe erreicht, was ich sofort von dem Tiefenmanometer ablesen kann, so wird ein weiteres Fallen einfach dadurch gehemmt, daß das Boot wieder leichter gemacht wird durch Auspumpen der zu großen Wassermenge in den Tauchtanks. Das wütende Brummen der Lenzpumpe ist denn auch immer das Zeichen, daß wir uns der zu steuernden Tiefe nähern. Dann hört es auf, nur die E.-Motoren summen weiter, und aus der Zentrale kommt die Meldung:

„Zwanzig Meter liegt,

Boot ist eingesteuert!"

Wir fahren in zwanzig Meter Tiefe. Dabei sind wir freilich blind und können uns nur nach dem Tiefenmanometer und dem sorgfältig gehüteten Kleinod des Bootes, dem Kreiselkompaß, richten. Nach außen bringt von uns kein Schein mehr; das Sehrohr ist längst eingefahren, und auch die stählernen Sicherheitsklappen an den Turmfenstern sind geschlossen; wir sind völlig zum Fisch geworden.

Nun kommen die Meldungen aus allen acht Räumen: Zentrale, Maschinenraum, Heckraum, Bugraum, Laderäume, Akkumulatorenräume, alles dicht. Wir können mit unserer „Deutschland" sicher in der Tiefe fahren.

Nicht immer aber ist ein so großes Boot so einfach auf eine bestimmte Tiefe zu steuern. Die Änderungen des spezifischen Gewichts des Wassers infolge von wechselnder Wassertemperatur oder verschiedenem Salzgehalt spielen dabei eine bedeutsame Rolle. Wie ausschlaggebend das sein kann, will ich an dem Unterschied zwischen Ostseewasser und Nordseewasser zeigen. Die spezifischen Gewichte der beiden Meeresteile verhalten sich wie 1,013 zu 1,025; an sich erscheint also der Unterschied verschwindend gering. Bei einem Boot aber von der Größe der „Deutschland", das zum Tauchen schon eines ganz erheblichen Untertriebes von mehreren Tonnen bedarf, kommen dabei ganz gewaltige Gewichte heraus: um in dem dichteren Wasser der Nordsee tauchen zu können, müssen wir unser Boot um mindestens siebzehn Tonnen schwerer machen als in der Ostsee, sonst kommen wir nicht hinunter. Auch bei plötzlich sich ändernder Wassertemperatur in Buchten und Flußmündungen, wo außerdem noch das leichtere

Süßwasser hinzukommt, kann es die unangenehmsten Überraschungen geben.

Mancher U-Boots-Kommandant hat geglaubt, mit einem bestimmten Untertrieb gerade unter Wasser zu kommen und sein Fahrzeug in einer bestimmten Tiefe halten zu können. Plötzlich aber geht das Manometer auf größere Tiefe, und das Boot fällt im Wasser wie ein Flugzeug, das in ein Luftloch geraten ist, bis eine Prüfung des spezifischen Gewichts und der Temperatur des Wassers den Grund für sein Verhalten angibt.

Man sieht also, erst solche Messungen geben dem U-Boots-Führer die Gewißheit, glatt in die Tiefe zu kommen und wieder auftauchen zu können.

Wir haben inzwischen unser Prüfungstauchen zu meiner Zufriedenheit beendet. Alles ist sicher und funktioniert, wir haben unseren komplizierten Apparat fest in der Hand.

Ich gebe nun den Befehl zum Auftauchen; die Tiefenruder werden nach „oben" gelegt, und alsbald kann ich ihre und die Wirkung unserer wackeren Lenzpumpe am Manometer verfolgen. Nachdem ich mich versichert habe, daß in weitem Umkreise keine Schraubengeräusche zu hören sind und kein kollisionsgefährlicher Dampfer in der Nähe ist, überwinden wir den gefährlichen „blinden Moment". Es ist das der Zeitraum, in dem das Boot schon so hoch gestiegen ist, daß es gerammt werden könnte; andererseits fährt man noch zu tief unter Wasser, um mit dem Sehrohr über die Oberfläche zu kommen und Umschau halten zu können.

Das dauert eine kurze Weile; ich stehe am Sehrohr und lauere; schon wird das Gesichtsfeld heller, silberne Luftperlen steigen flimmernd auf, ein Rieseln und Blinken geht über das Glas, dann ist es Tag, ein Bild erscheint, klar und leuchtend wogt die Nordsee vor mir mit leerem, unendlichem Horizont.

Nun lasse ich ganz auftauchen; durch die Ruderlage schiebt sich das Boot immer mehr an die Wasseroberfläche, und um das Auftauchen zu beschleunigen, wird Preßluft auf einen Tauchtank gegeben. Jetzt geht es sehr schnell; der Turm ist schon frei; das Deck hebt sich triefend aus dem Wasser, das Turmluk wird geöffnet, frische Luft strömt ein, und ich gebe das Kommando:

„Ausblasen mit Gebläse!"

Ein wildes Heulen und Surren in der Zentrale antwortet, während das kräftige Turbogebläse das Wasser aus den Tauchtanks preßt. Das dauert gar nicht lange; sobald ein Tank leer ist, kommt die durchgeblasene Luft mit gluckendem Geräusch an den Seiten des Bootes hoch, und rasch sind wir wieder in normaler Schwimmlage.

Wir fahren noch immer elektrisch. Nun kommt als

letztes das Anwerfen der schweren Dieselmotoren durch die E.-Maschinen. Ich bin schon auf den Turm gestiegen und merke davon nichts außer den Meldungen aus der Zentrale. Wer aber im Maschinenraum steht, kann noch ein spannendes Schauspiel genießen.

Die Wachmaschinisten stehen auf ihren Posten, ein Kommando kommt durch das Sprachrohr, alles ist gespannt; dann gibt der leitende Ingenieur einen gellenden Pfiff ab, hebt eine Hand, ein paar schnelle Griffe am Schaltbrett, im Elektromotorenraum ein paar blendende, zentimeterlange Blitze: die ersten Ventilköpfe heben sich zögernd, langsam, wie unwillig, dann schneller, ein wildes Knallen und Zischen, ein unregelmäßiges, wütendes Fauchen, dann werden die rasenden Explosionen rhythmisch, und immer schneller und schneller nehmen beide Maschinen ihren gleichmäßigen Hammertakt auf.

Das Prüfungstauchen ist beendet, und stampfend zieht „U-Deutschland" ihres Weges. Der Wind flaut nicht ab, aber es bleibt schönes Wetter, und die Sichtigkeit ist gut. Kein Dampfer kommt in Sicht: wir können ruhig weiter aufgetaucht fahren. Freilich haben wir daneben noch besondere Gründe, mit der genauesten Sorgfalt und Vorsicht zu navigieren. So geht der erste Tag auf hoher See zu Ende.

Das Boot verläßt den Kieler Hafen zur Probefahrt

Probefahrt in der Kieler Bucht

„Man soll nichts für unmöglich halten"

Während wir mit unserer braven und zuverlässigen „U-Deutschland" unseren einsamen Weg durch das Meer ziehen, immer die große Aufgabe und das Ziel vor Augen, durchzukommen, um der Welt und gerade der amerikanischen Öffentlichkeit von dem ungebrochenen deutschen Geist ein deutliches Zeichen zu geben, während wir also, still und unverdrossen, über die nördliche Route um England herumfahren, findet in Amerika schon eine lebhafte Diskussion über unser Unternehmen statt.

Zwar wußte man drüben noch nichts Genaues. Aber trotz aller Geheimhaltung des Planes waren Gerüchte durchgesickert, daß ein deutsches Handels-U-Boot nach Amerika käme, um wieder einen normalen Handelsverkehr zwischen Deutschland und USA. herzustellen. Natürlich begegneten diese ersten Nachrichten noch starkem Unglauben, und man hielt es für ganz unmöglich, daß ein U-Boot, zumal wenn es, wie die Gerüchte wissen wollten, gänzlich unbewaffnet sei, den Atlantischen Ozean überqueren könne und dazu noch Fracht und womöglich Passagiere beförderte. Man erinnerte sich zwar, daß

Kriegs-U-Boote, ohne irgendeinen Hafen anzulaufen, von Wilhelmshaven bis nach Konstantinopel gefahren sind, aber, so argumentierte man, erstens hatten diese Boote ihre tödlichen Waffen, mit denen sie sich im Ernstfall erfolgreich verteidigen konnten, und dann war der Weg von Deutschland nach der Türkei schließlich nur ein Bruchteil des Weges von Deutschland nach Amerika.

Jedenfalls hielten sich die Gerüchte hartnäckig, wenn auch besonders kluge Leute und „Sachverständige" immer wieder die Unmöglichkeit der Durchführung eines solchen Planes mit, wie sie glaubten, absolut stichhaltigen Gründen nachwiesen.

Der Anlaß zu all diesen lebhaften Diskussionen war ein Artikel in der „New-Yorker Staatszeitung", der schon Ende Mai, zu einer Zeit also, während der wir „U-Deutschland" noch in der Kieler Bucht in täglichen Probefahrten genauestens prüften, erschienen war.

Es ist, schon der historischen Bedeutung wegen, nicht uninteressant, sich heute noch einmal diesen Artikel zu vergegenwärtigen und zu sehen, wie man in Nordamerika und auch in England auf diese Meldung reagierte.

Der Bericht, der am 25. Mai 1916 erschien, hatte folgenden Wortlaut:

„Das erste ‚Fracht-U-Boot'.

Anfang Juli beginnt direkter Verkehr Hamburg—New York, versichert Reisender.

‚Man soll nichts für unmöglich erklären. In diesem Kriege sind so viele vorher für unmöglich gehaltene Dinge zur Wirklichkeit geworden, daß man von den Deutschen ‚einiges' erwarten kann. An und für sich ist ja auch die Möglichkeit, daß Unterseeboote über den Ozean von Deutschland nach New York zu kommen versuchen werden, nicht von der Hand zu weisen. Ob sie gerade gleich Fracht befördern und Passagiere für 5000 Dollar mitnehmen werden, das sind natürlich Fragen, die erst in zweiter Linie zu erörtern sind. Irgend etwas Positives ist mir nicht bekannt. Aber, wie gesagt, unmöglich ist die Sache nicht, wenn sie auch vielleicht nicht sehr wahrscheinlich ist.'

Das war der fast wörtlich übereinstimmende Kommentar, den zwei an leitender Stelle stehende hiesige Vertreter der beiden großen deutschen Schiffahrtslinien zu machen hatten, als sie nach ihrer Ansicht über die folgende Geschichte gefragt wurden, die ein gestern mit dem ‚Frederik VIII.' hier eingetroffener Reisender erzählte:

Anfang Juli, erzählte der Betreffende, wird der Frachtverkehr per Unterseeboot zwischen Hamburg und New York aufgenommen werden. Er habe selbst Probefahrten der neuen ‚Über-Unterseeboote' gesehen, von denen er sogar Fotografien zeigte. Die Fahrzeuge seien vierhundertfünfzig Fuß lang, sagte er, vierzig Fuß breit und hätten auf dem eigentlichen Rumpf noch einen Oberbau, in dem die ‚Bullaugen', die Fenster, eingeschnitten seien. Auf diesem Oberbau steht das Periskop. Die Boote könnten vierzehn Meilen die Stunde machen, hätten es aber auch schon auf achtzehn gebracht. Sie hätten, zum erstenmal in der Geschichte der Tauchboote, keine Torpedos, sondern in ihrer Eigenschaft als Handelsschiffe nur ‚Verteidigungswaffen'.

Mit dem 8. August, berichtete der Reisende, werden vier solcher Fracht-U-Boote im Betrieb sein. Ihre Ladung wird sich auf Post und auf der Herreise auf Chemikalien und Juwelen beschränken. Was sie von hier aus nach Deutschland mitnehmen werden, darüber sagte der Gewährsmann nichts. Sie würden zwar mit Leichtigkeit hier in New York das Brennmaterial zur Rückfahrt erhalten können, würden aber trotzdem von Hause genügend Öl und so weiter für die ganze Rundreise mitnehmen. Etwa zehn Passagiere könnten jedesmal mitgenommen werden, die für die Fahrt allerdings, abgesehen von dem Risiko, fünftausend Dollar zu bezahlen haben würden.

Engländer hier in New York zogen zu der Geschichte ein schiefes Gesicht. Sie glauben sie nicht oder tun jedenfalls so, als glaubten sie sie nicht. Marineattaché Kapitän Gaunt meinte: ‚Aber das geht ja gar nicht — don't you know —. Unsere Kreuzer — don't you know — würden sehr bald die Spur dieser Dinger an dem Ölstreifen erkennen, den sie hinter sich lassen. Dann ist's aus mit dem Ding — don't you know —. Dann wird's versenkt — don't you know —.' Und dann argumentierte er laut mit sich selbst: ‚Überhaupt — don't you know — würden die Deutschen so was nicht bekannt werden lassen — don't you know —, wenn sie so was hätten — don't you know —'."

Dieser Bericht des deutsch-amerikanischen Blattes kam natürlich auch nach England, wo er begreiflicherweise große Erregung hervorrief und lebhaft diskutiert wurde. Natürlich fanden sich sofort auch Fachleute, die die Möglichkeit eines solchen Unterseefrachtdienstes glatt leugneten, sie als Utopie bezeichneten und billige Witze darüber machten. Es fanden sich aber auch Stimmen, die warnten vor allzu optimistischer Betrachtung dieses Problems, die ernsthaft mit der Möglichkeit rechneten, daß Deutschland, das in diesem Krieg schon manche Überraschung gebracht habe, auch in diesem Falle technische Überlegenheit genug besäße, um ein solches Boot über den Ozean zu bringen. So erschien zum Beispiel in der „Daily News" ein Bericht ihres Marinesachverständigen, der sich über die Möglichkeiten einer solchen U-Boot-Fahrt von Deutschland nach USA. äußerte:

„Wir sind nicht berechtigt, diese Gerüchte ohne weiteres in das Reich der Utopien zu weisen. Was immer auch der Erfolg unserer Anti-U-Boot-Operationen sein mag, es steht fest, daß ihnen zum Trotz U-Boote aus der Nordsee in den Atlantischen Ozean gelangen. Wir wissen auch, daß die Fazilitäten zum Bau und die Höhe des Tonnengehalts von U-Booten seit Beginn des Krieges nicht haltgemacht haben. Da dem so ist, ergibt sich von selbst, daß schon ein U-Boot von mäßiger Größe, wenn es erst aus der Nordsee in den Atlantischen Ozean gelangt ist, direkt nach Amerika fahren kann, statt zwanzig Tage am Eingang zum Kanal zu kreuzen, wie sie das jetzt auf der Jagd nach Bannware führenden Handelsdampfern zu tun pflegen.

Wenn solche U-Boote in der Tat in der gerüchtweise verbreiteten Art Verwendung finden sollten, so wird unsere Blockade Deutschlands jede Ähnlichkeit mit einer Belagerung, die sie bisher besessen haben mag, verlieren. Es heißt, die Schiffe sollten hauptsächlich zur Verfrachtung von Postsendungen, Edelsteinen, teuren Chemikalien und anderen Dingen, die kostbar sind, ohne viel Raum einzunehmen, dienen. Das Interessanteste an diesen Schiffen ist, daß sie als einfache Handelsdampfer gelten müssen und nur zur Verteidigung einige leichte Geschütze wie andere

Handelsdampfer führen werden. So ausgerüstet, dürfen sie jeden Hafen der Vereinigten Staaten anlaufen, wie die Schiffe aller anderen Nationen. Es wäre also gegen das Völkerrecht, solche Schiffe ohne vorherige Warnung zu zerstören. Andererseits aber ist es allgemein anerkannter Brauch, jeden Handelsdampfer, der beim Anruf durch ein Kriegsschiff zu fliehen sucht, zu beschießen, ob er bewaffnet ist oder nicht. Wenn also ein solches U-Boot den Anruf eines unserer Kriegsschiffe mit einem Tauchversuch beantworten sollte, kann es ohne weiteres zerstört werden. Freilich, ein unter dem Wasser dahinkriechendes deutsches Postschiff könnte von unseren Kreuzern weder gesehen noch angehalten werden, solange das Wasser tief genug ist."

Diese Bemerkungen, die im allgemeinen von ruhiger, sachlicher Überlegung zeugen, fanden seinerzeit viel Beachtung. Wenige Wochen nach ihrer Veröffentlichung schon sollte es sich zeigen, wie gut der englische Sachverständige daran tat, mit seinem Urteil über das angebliche Projekt vorsichtig zu sein, und wie bedenklich es ist, voreilig eine Sache, die man nicht ohne weiteres zu übersehen vermag, als unmöglich zu erklären.

Die U-Boot-Falle

Uns kümmerte dies Herumraten und Diskutieren nicht. Solange unsere Gegner nicht mehr wußten, solange sie vorläufig nur Gerüchte hörten, denen sie nicht glaubten oder nicht glauben wollten, war es für uns noch gut. Erst wenn sie bestimmt erfahren hätten, daß wir schon unterwegs waren, konnte es für uns gefährlich werden. Noch waren wir nicht entdeckt, noch wußten die Feinde nicht, daß der graugrüne Stahlleib der „U-Deutschland" die Wogen der Nordsee durchpflügte, unaufhaltsam, vorsichtig und zielbewußt Amerika zusteuerte.

War der erste Tag noch einmal ohne Zwischenfall verlaufen und hatte sich die Seetüchtigkeit und Zuverlässigkeit unseres Bootes glänzend erwiesen, so kam es schon am nächsten Tag zu einer aufregenden Begegnung.

Ich liege in meiner Koje und spüre den groben Seegang, der das Boot ordentlich umherwirft. Gegen zwei Uhr morgens weckt mich ein „Huijo" aus dem Sprachrohr neben meinem Kopf an der Wand. Der wachthabende Zweite Offizier Eyring meldet mir ein weißes Licht an Steuerbord, das sich rapid nähert. Ich springe heraus, balanciere mich ums Eck in die Zentrale, über die Leitern durch das Turmluk hinauf auf die Plattform.

Ehring zeigt mir in nicht allzu großer Entfernung voraus ein weißes Licht. Es scheint sich zu nähern. Wir wollen es nicht weiter darauf ankommen lassen, geben Alarm und tauchen. Dabei kommt zum erstenmal das wunderbare Gefühl der verblüffenden Sicherheit über mich, das einem die Möglichkeit solchen raschen Tauchens gibt.

Es ist alles wie selbstverständlich. Da fährt man mitten im Weltkrieg mit einem unbewaffneten Frachtboot seines Weges in dunkler Nacht. Ein Licht naht sich, es kann ein Feind sein, wahrscheinlich ist es einer. In ein paar Minuten können ein paar Schüsse aufblitzen, einige Granaten zerschmettern unseren Turm, in den Druckkörper stürzen die Wasser, und nach kurzer Zeit schließt sich die Nordsee über uns ...

Nichts von alledem geschieht. Ein kurzes Kommando in die Zentrale, ein paar Griffe an Ventilen und Handrädern, und ungefährdet ziehen wir weiter unseres Weges, den uns harte Gewalt wohl auf der Meeresoberfläche sperren kann, aber nur, um uns ein paar Meter tiefer ohnmächtig passieren lassen zu müssen.

Wir fahren der Sicherheit wegen getaucht weiter und bleiben bis zum Tagwerden unter Wasser. Gegen vier Uhr tauchen wir auf. Es ist schon heller Tag, aber leider auch eine See, die schon mächtig ungemütlich wird. In der Ferne sehen wir ein paar Fischerboote, die mühsam ihrem Gewerbe nachgehen. Wir behalten sie anfänglich scharf im Auge, stellen aber rasch ihren harmlosen Charakter fest und fahren über Wasser weiter.

Das ist nun kein Vergnügen mehr. Die Bewegungen des Bootes werden schon so, daß sich der Aufenthalt in den abgeschlossenen, nur durch die Ventilationsmaschine gelüfteten Räumen in Kopf und Magen der Leute geltend macht; ein Teil der Mannschaft verzichtet schon auf das Essen. Dabei ist es unmöglich, sich noch auf dem Deck aufzuhalten, das dauernd von den Seen überspült ist. Etwas trockner ist es auf dem Turm hinter der Schutzwand der „Badewanne" und im Lee des Turms, an der see- und windgeschützten Seite. Da drängen sich noch ein paar Leute der Freiwache zusammen, halten sich am Geländer fest, schnappen frische Luft und schütteln sich, wenn so ein ganz zudringlicher Brecher hartnäckig um den Turm herumleckt und sie mit seiner salzigen Flut überschüttet.

So fahren wir den ganzen Tag weiter. Ein paar Dampfern, deren Rauchwolken in der Ferne auftauchen, weichen wir über Wasser durch Kursänderung aus, nachdem wir uns durch vorsichtiges Peilen und genaue Beobachtung von Zeit zu Zeit klargeworden waren, welchen Kurs sie fuhren. Es hört sich das schwieriger an, als es ist.

Man weiß ja zunächst den eigenen Schiffsort, nach dem man durch Peilung und Schätzung den Schiffsort des fremden Seglers auf der Karte annähernd feststellen kann. Vergleicht man nun beides mit den in der Karte eingezeichneten wichtigsten Dampferrouten, dann weiß man schon mit einiger Sicherheit, welchen Kurs der fremde Dampfer fahren muß.

Eine solche Schätzung sollte uns bald darauf von Wichtigkeit werden und ist in diesem Fall, wie man sehen wird, gewissermaßen von dokumentarischer Bedeutung.

Es hatte gegen Abend etwas aufgeklart, und auch die See war ruhiger geworden; unter schön beleuchteten Wolken war die Sonne im Westen untergegangen.

Die ganze Freiwache war heraufgekommen, um frische Luft zu schöpfen und schnell eine Zigarre oder Zigarette zu rauchen. Unter Deck ist das Rauchen ja streng verboten. Die Leute drängen sich alle an der geschützten Seite des Turmes zusammen, eng an- und übereinander gegen die Turmwand geschmiegt. Es sieht seltsam aus, wie ein Bienenschwarm, eine Traube von Menschen in grober, schwerer Seekleidung. Es geht hierbei nicht mit viel Etikette zu; ich lasse die Leute gewähren, sie haben es nicht leicht da unten, und wenn einer mal den Kopf durch das Turmluk stecken will, um ein paar Züge aus seiner Pfeife machen zu können, gönne ich ihm gern den kurzen Genuß.

Dabei suchen aller Augen unwillkürlich den Horizont
ab. Das hat sein Gutes; je mehr Menschen beobachten,
desto mehr kann gesehen werden; und manche unserer
Leute haben Augen wie Falken.

Da tauchen in der durchsichtigen Dämmerung des
Juniabends an Backbord in großer Entfernung zwei
Masten auf, ein Schornstein folgt, und bald ist der Rumpf
eines Dampfers über der Kimm. Mit Hilfe unserer guten
Prismengläser wird er nun ständig beobachtet. Wir wollen
seinen Kurs feststellen, um ihm dann über Wasser aus
dem Wege gehen zu können.

Wir haben bald ein paar gute Peilungen, und ich
nehme nun die Karte her; ich sehe nach, vergleiche, be-
obachte noch einmal, rechne nach und nehme wieder die
Karte und stutze ... Mit dem Kurs kommt der Dampfer
überhaupt nicht nach einem Hafen.

Ist es denn möglich?

So muß er geradezu auf die Küste, irgendwo auf die
Felsen laufen.

Ich rufe Krapohl, zeige ihm meine Berechnung. Wir
schauen noch einmal genau durch die Gläser, vergleichen
die Karte; es stimmt: der Bursche fährt ins Leere.

Wir hatten uns inzwischen so weit genähert, daß wir
ihn gut ausmachen konnten. In der Dämmerung des
Juniabends war es so klar und hell, daß wir genau

beobachten konnten. Es war ein schöner mittelgroßer Dampfer, der eine große neutrale Flagge führte und am Rumpf auffällig in den Farben desselben Landes bemalt war. In der Mitte des Rumpfes trug er einen großen Doppelnamen, den wir aber noch nicht lesen konnten.

Plötzlich ruft Krapohl:

"Donnerwetter, wie kommt's, daß der Kerl noch so lange nach Sonnenuntergang die Flagge führt? Wenn das Zufall ist! Und was soll die auffällige Bemalung jetzt zur Zeit des U-Boot-Friedens? Der Kerl ist verdächtig!"

Ich mußte ihm beistimmen. Mich machte vor allem der unsinnige Kurs stutzig; zum Vergnügen fährt man im Weltkrieg doch nicht nachts auf der Nordsee spazieren!

Wir überlegen, was zu tun ist. Noch hat uns der Dampfer nicht gesehen, er fährt seinen geheimnisvollen Kurs weiter und steht schon etwas achterlich von uns.

Ich entschließe mich deshalb, nicht zu tauchen, da wir jetzt mit unserem Kurs bald auseinanderkommen müssen.

Da macht der Dampfer plötzlich eine scharfe Wendung und hält direkt auf uns zu. Jetzt können wir sehen, daß der wackere Neutrale auch die Boote ausgeschwungen hat; natürlich um noch deutlicher seinen Charakter als harmloser Kauffahrer zu dokumentieren, der auf alles gefaßt ist und bereit, den Befehlen eines Frontbootes sofort Folge zu leisten.

Uns genügte diese weitgehende Loyalität. Ich schickte alle Leute unter Deck und ließ sofort Alarm geben. Wir machen zum Tauchen klar und drehen dabei auf den Dampfer zu, um quer zur See zu liegen, da wir dann leichter unter Wasser kommen.

Nun geschieht zu unserer größten Verblüffung folgendes: kaum hat der „neutrale" Dampfer unsere Wendung gesehen und gemerkt, daß wir tauchen, da dreht er mit einem Ruck ab. Im Tauchen sehen wir noch, wie er, dicke Rauchwolken ausstoßend, in charakteristischen Zickzackkursen das Weite sucht.

Dies Eingeständnis eines schlechten Gewissens war für uns einfach überwältigend. So haben wir noch nie gelacht wie bei der Flucht dieses Biedermanns mit dem unbekannten Kurs. Der Schlaue glaubte sich durchschaut und fürchtete, in den nächsten Augenblicken einen Torpedo von uns in die Rippen zu bekommen.

Und welche Wut mußte er haben! Es wäre so schön gewesen, als Neutraler recht nahe an die „Pest" heranzukommen, um dann auf sichere Entfernung mit den Stückpforten auch die Harmlosigkeit fallen zu lassen und zu schießen. Die U-Boots-Falle war so schön gelegt, der deutsche „Pirat" brauchte nur noch ein wenig näher zu kommen.

Statt dessen schlagen wir unter Wasser einen Haken und tauchen erst nach zwei Stunden wieder auf. Erst suche ich mit dem Sehrohr den Horizont ab und öffne dann, halb getaucht, das Turmluk, um mit dem Glas Umschau zu halten; die Luft ist klar; im Süden ist der Mond heraufgekommen und macht die dämmernde Helle der Sommernacht noch durchsichtiger. Aber so weit ich blicke, ist die See leer, kein Dampfer zu sehen. „U-Deutschland" kann unbehelligt ihres Weges ziehen, und außer der reinen Freude über die Enttäuschung des schlauen Fallenstellers habe ich jetzt die Gewißheit, daß wir alle Schiffe sehen, bevor sie unser ansichtig werden können.

Und das ist schon etwas wert.

Ein Kopfstand in der Nordsee

Ich hatte beschlossen, in der folgenden Nacht während der dunkelsten Stunden zwischen elf und ein Uhr getaucht mit den E.-Maschinen zu fahren.

Als wir in der Abenddämmerung des langen Sommertages tauchten, war zwar noch wenig Wind, aber eine hohe Dünung ging, als sicheres Zeichen dafür, daß der Wind nach einigen Stunden zum Sturm anwachsen würde. Gegen zwei Uhr gab ich Befehl zum Auftauchen und merkte bald an den immer wilder werdenden Bewegungen des Bootes, daß der Sturm da war und mit ihm noch stärkerer Seegang aufgekommen sein mußte. Wir machten gelegentlich richtige Sprünge, bliesen aber unsere Tanks ruhig aus und kamen ganz ordentlich hinauf.

Von Sehrohrtiefe an versuchte ich Umschau zu halten. Es war aber noch fast unmöglich, etwas zu sehen, da das Sehrohr alle Augenblicke in dicke Wasserberge einschnitt; dazu die Dämmerung, in der sich die heranwälzenden Wogen im Sehrohr noch größer und unheimlicher ausnahmen. Wir tauchten nun ganz auf, und ich stieg auf

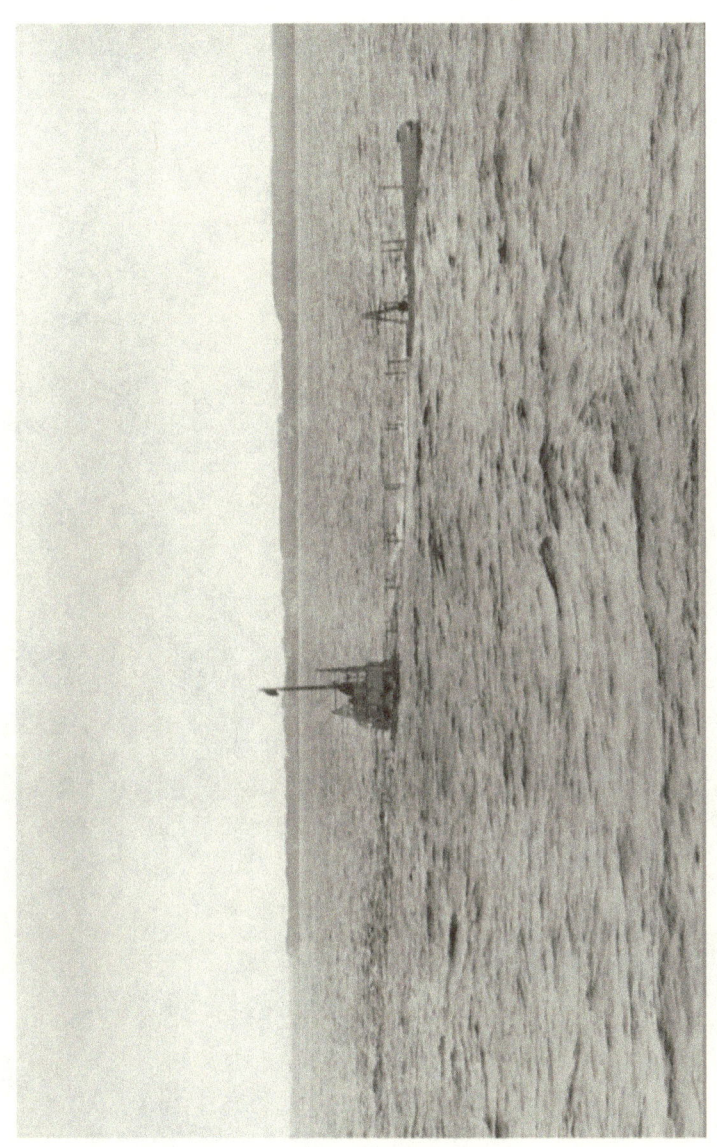

„U=Deutschland" bei einem Tauchmanöver

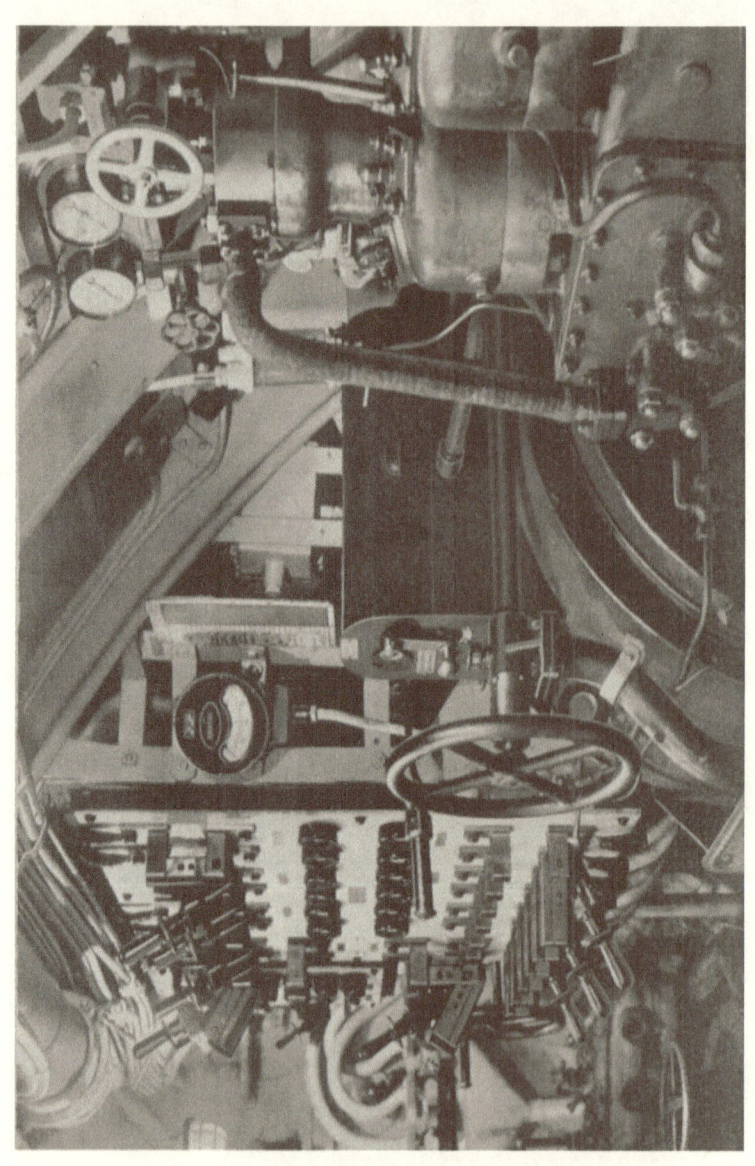

Blick in die Zentralkommandostelle

den Turm, um über die wild tanzende See hinweg richtigen Ausblick zu gewinnen.

Das war ja ein nettes Wetter geworden. Rings im fahlen Dämmerschein ein Hexenkessel von unwahrscheinlich hoch ansteigenden Wellenbergen mit Schaumkronen, von denen der Wind den Wasserstaub abblies und zischend durch die Luft jagte. Das Boot arbeitete schwer gegenan und setzte häufig stark weg; das ganze Deck war natürlich überflutet; alle Augenblicke prallte eine See an den Turm und ging in dichtem Sprühregen über mich hinweg. Ich klammerte mich an die Brüstung der "Badewanne" und suchte den Horizont ab, einen seltsamen Horizont von sich kulissenartig durcheinander schiebenden Wasserbergen.

Eben wollte ich den Befehl geben, die Ölmaschinen anzustellen, da — was war das?

Der dunklere Streif dort, war das keine Rauchfahne?

Aber schon schob sich der Rücken einer Woge davor, in den dämmergrauen Himmel.

Ich wartete und starrte durch das Glas, bis die Augen schmerzten.

Da kam es wieder und war eine dunkle Rauchfahne. Und da, da: eine Mastspitze, dünn wie eine Nadel; aber ich habe sie im Glas. Und jetzt, jetzt — ich bohre meine Augen ins Glas —: was das Wellental eben freigibt, das Dunklere dort... der Rauch drüber, vier niedrige Schornsteine... Donnerwetter, das ist ein Zerstörer!

Mit einem Satz bin ich im Turm, das Turmluk zu: „Alarm!" — „Schnelltauchen!" — „Fluten!" — „Tiefenruder!" — „Auf zwanzig Meter gehen!"

Die Befehle folgten sich alle wie in einem Atem. Aber die Ausführung!

Bei diesem Seegang gegenantauchen, ist nach allen Erfahrungen fast barer Wahnsinn...

Aber was will ich machen?

Der Zerstörer konnte uns schon gesehen haben...

Hinunter mußten wir, und so schnell wie möglich.

Unter mir in der Zentrale arbeiten die Leute in lautloser Hast. Die Schnellentlüftungen sind geöffnet, die gepreßte Luft zischt aus den Tanks — die Tauchventile singen in allen Tonleitern...

Ich stehe mit gepreßten Lippen, blicke durch die Turmfenster auf die tobende See ringsum, lauere auf das erste Zeichen eines Tiefergehens...

Aber immer noch sehe ich unser Deck, immer wieder reißt uns eine Welle empor.

Wir haben keinen Augenblick mehr zu verlieren.

Ich lasse noch mehr Tiefenruder geben, befehle: „Beide Maschinen äußerste Kraft voraus!"...

Das ganze Boot erzittert und bebt unter dem

verstärkten Maschinendruck und macht förmlich ein paar Sprünge, es taumelt geradezu in der wilden See; will es noch immer nicht?... Dann schneidet es mit einem Ruck plötzlich vorn unter und geht mit immer stärkerer Neigung rapid in die Tiefe. Das eben dämmernde Tageslicht verschwindet an den Turmfenstern, das Manometer zeigt in rascher Folge zwei — drei — sechs — zehn Meter. Aber auch die Neigung des Bootes wächst immer mehr.

Wir taumeln, lehnen uns zurück, rutschen aus; wir verlieren allen Halt auf dem Boden, der sich jäh nach vorn senkt — ich kann mich gerade noch am Okularteil des Sehrohrs festhalten, und unten in der Zentrale klammern sich die Leute an den Handrädern der Tiefenruder fest. So geht es ein paar fürchterliche Sekunden...

Wir sind uns über die neue Situation noch gar nicht klargeworden — da gibt es einen heftigen Stoß; wir werden zu Boden geschleudert, und alles, was nicht niet- und nagelfest ist, wird wild durcheinandergeworfen...

Wir finden uns in den seltsamsten Stellungen wieder, sehen uns an, und einen Augenblick herrscht beklommenes Schweigen; dann meint der Erste Offizier Krapohl ganz trocken:

„So, da wären wir ja angekommen."

Das löste die scheußliche Spannung.

Wir waren aber doch alle recht bleich geworden und suchten uns nun zurechtzufinden.

Was war geschehen?

Warum diese unnatürliche Neigung des Bootes? Und warum tobten die Maschinen da über uns manchmal so rasend drauflos, daß das ganze Boot erdröhnte?...

Bevor aber einer von uns noch recht überlegen konnte, hatte sich unser kleiner Klees, der leitende Ingenieur, aus seiner kauernden Stellung emporgeschnellt und hatte blitzartig den Maschinentelegrafen auf „Stopp!" herumgerissen.

Plötzlich war nun tiefe Stille.

Wir sammelten langsam unsere Gliedmaßen und überlegten: was war geschehen?

Das Boot hatte sich vorn in einem Winkel von etwa sechsunddreißig Grad nach unten geneigt und stand sozusagen auf dem Kopf. Wir mußten mit dem Bug auf dem Grund sitzen, und achtern pendelten wir mit ganz gehörigem Schwung auf und nieder; dabei zeigte das Manometer eine Tiefe von ungefähr fünfzehn Meter.

Ich machte mir rasch unsere Situation klar: sie war nichts weniger als gemütlich.

Nach der Karte hatten wir hier etwa einunddreißig Meter Tiefe. Bei der steilen Lage des langen Bootes mußte unser Heck ein beträchtliches Stück über Wasser ragen und konnte dadurch zu einer lieblichen Zielscheibe für feindliche Zerstörer werden. Solange die Maschinen noch gingen, mußte noch folgendes hinzukommen: wenn ein Wellental über uns hinwegging, peitschten vermutlich die Schrauben zum Teil in die Luft und erhöhten unsere Anziehungskraft durch wilde Fontänen und Schaumwirbel. Das hatte Klees sofort an dem rasenden Einrucken der Motoren erkannt und hatte durch seine Geistesgegenwart wenigstens die ärgste Gefahr beseitigt.

Immerhin hatten wir unseren Liegeplatz durch eine eigenartige Boje bezeichnet und erwarteten jeden Augenblick, aus dem hoch über uns hängenden Achterschiff den krachenden Einschlag einer Granate zu hören ...

Sekunden einer fürchterlichen Spannung vergingen ...

Aber es blieb still. Die Schrauben konnten uns ja nicht mehr verraten; auch war es oben wohl noch zu dunkel, und der Zerstörer hatte bei der wilden See wahrscheinlich genug mit sich selbst zu tun.

Daß wir uns trotzdem beeilten, aus der blödsinnigen Lage herauszukommen, ist wohl verständlich. Da das Boot im übrigen vollständig dicht geblieben war und den furchtbaren Stoß ohne jeglichen Schaden ausgehalten hatte, ging alles Weitere programmäßig vor sich. Die achteren Tanks, die nicht ganz entlüftet waren, wurden schnell geflutet und so allmählich wieder eine vernünftigere Lage des Bootes herbeigeführt.

Horizontal lag es deswegen aber noch lange nicht, dazu hatte es die Nase zu energisch in den Dreck gesteckt. Aber wir waren jetzt wenigstens ganz unter Wasser und konnten in Ruhe an die übrigen Arbeiten gehen. Aus den vorderen Ballasttanks wurde ein Teil des Wassers gedrückt, und im übrigen trimmten wir das Boot mit den Trimmtanks so lange um, bis der Bug vom Grund loskam. Wir fingen jetzt an aufzuschwimmen, mußten aber alsbald zurücktrimmen, um der sofort auftretenden Neigung zum Pendeln des zu schwer gewordenen Achterschiffs entgegenzuwirken. Nach einiger Zeit war der Gleichgewichtszustand wiederhergestellt und die „Deutschland" fest in meiner Hand.

Jetzt war auch Zeit zum Überlegen, was das plötzliche Bocken unseres sonst so braven Bootes herbeigeführt haben mochte. Es muß eine ganze Reihe von Gründen zusammengekommen sein. Abgesehen davon, daß es in den seltensten Fällen gelingt, ein großes Boot gegen hohen Seegang zum Tauchen zu bringen, so mögen die Tanks bei der Eile, zu der uns der Zerstörer zwang, wohl auch noch nicht ganz entlüftet gewesen sein. Dazu kam aber vor allem die plötzliche dynamische Wirkung der Tiefenruder, die im Verein mit der vollen Maschinenkraft und der niederdrückenden Wirkung einer besonders schweren See dem Boot die verhängnisvolle Neigung zu rasch aufzwang. Wir befanden uns in einer Lage wie ein Lenkballon, der kurz vor dem Landen zuviel Tiefensteuer gibt und durch eine plötzliche Fallbö mit doppelter Gewalt auf die Erde gedrückt und zerschmettert wird. Bei uns freilich hielt das wunderbare Material unseres stählernen Druckkörpers den heftigen Stoß ohne weiteren Schaden aus. Nur der Boden der Nordsee mag auf x Grad nördlicher Breite und y Grad östlicher Länge eine kleine Beschädigung erlitten haben.

Noch etwas scheint mir an dem ganzen Vorfall erwähnenswert. Wenn ich mir jetzt nachträglich vergegenwärtige, was ich dachte, als wir so in voller Fahrt mit sechsunddreißig Grad Neigung in die Tiefe sausten, so muß ich sagen: mein erster Gedanke war die Ladung; ist die Ladung auch sicher verstaut, kann die Ladung nicht überschießen? Daran dachte ich ganz instinktiv, so sonderbar es hinterher auch klingen mag. Man kann eben seinen alten Adam als „dicker Dampfer"-Kapitän auf solch einem U-Boot doch nicht so ohne weiteres loswerden.

Hinaus ins Freie

Von der Nordsee hatten wir nun genug. Und es sollte jetzt ja auch bald "hinaus" gehen, hinaus ins Freie.

Über den "Weg" waren wir uns Gott sei Dank klar. Weniger darüber, was uns auf dem "Weg" alles passieren konnte. Wir durften uns schon auf einige kleine Überraschungen gefaßt machen.

Aber schließlich, wozu fährt man ein Unterseeboot, mit dem man den Überraschungen doch mit Aussicht auf einigen Erfolg aus dem Wege gehen kann! Und vor uns haben es so viele Frontboote doch auch zustande gebracht und sind "hinaus" gekommen.

Die hatten dabei oft noch eine Reihe besonderer gefahrvoller Aufgaben zu erledigen, während wir einfach darauf achten müssen, daß wir nicht gesehen werden und gut durchschlüpfen.

Freilich kam es zunächst nicht einmal so sehr darauf an, daß wir überhaupt nicht gesehen wurden, sondern die Hauptsache für uns war, nicht als Handels-U-Boot erkannt zu werden.

Die Eigenschaft unserer "Deutschland" als eines

unbewaffneten friedlichen Handelsfahrzeugs hätte uns doch keinen Augenblick vor dem sofortigen Versenktwerden geschützt. Davon waren wir überzeugt, und wie sehr wir damit im Recht waren, zeigte später die offizielle Erklärung der englischen und der französischen Regierung.

Hatten sie uns aber erst einmal als Handels-U-Boot erkannt, dann waren wir nicht nur in augenblicklicher Gefahr, dann war auch unser ungehindertes Einlaufen in unseren amerikanischen Bestimmungshafen aufs höchste gefährdet; dann hatten wir auf unsere Fährte eine Menge blutgieriger Spürhunde gehetzt. Im günstigsten Fall noch kamen wir dann immer um die Wirkung einer die ganze Welt überraschenden Ankunft in Amerika. Und darauf war begreiflicherweise unser Ehrgeiz gerichtet.

Das waren so ungefähr meine Überlegungen, als wir uns den Gegenden der „dicken Luft" näherten.

Wir „schlängelten" uns also möglichst vorsichtig heran. Gesehen haben wir dabei eine Menge; selber gesehen worden sind wir höchst selten, erkannt worden niemals. Unter Tags weichen wir mehreren Dampfern durch Kursänderung aus, in der Nacht fahren wir selbstverständlich abgeblendet und tauchen, wenn nötig.

Auch das Wetter begünstigt uns. Einmal sichten wir ziemlich entfernt einen englischen Hilfskreuzer; er fährt Zickzackkurse in einer bestimmten Richtung. Wir haben eine Zeitlang parallelen Kurs mit ihm und behalten ihn ständig im Auge. Aber bei der hohen See, die ihm wahrscheinlich sein Fahren auch nicht zum Vergnügen macht, bleiben wir unbemerkt.

Ein anderes Mal kommt in der Abenddämmerung ein Bewachungsfahrzeug in die Nähe; es hat uns gesehen und mimt durch Heißen der englischen Handelsflagge Harmlosigkeit, um uns zu einem Angriff zu verleiten. Als wir ruhig Kurs halten, fährt es verärgert weg. Der Seegang war ihm wohl auch für weitere Unternehmungen zu hoch. Anderen schnelleren Bewachungsfahrzeugen können wir rechtzeitig ausweichen.

Später flaut es ab — und wird neblig. Wir tauchen und legen uns auf den Grund. Wir brauchen uns nicht zu beeilen. Und warum sollten wir uns nicht einmal ein wenig Ruhe gönnen?

Es war zwar nicht sehr seicht an jener Stelle, es war sogar recht tief. Desto sicherer und ruhiger haben wir gelegen. Und wozu haben wir unsere treffliche Lotmaschine und den wunderbaren Druckkörper unserer „Deutschland"!

Diese Nacht auf dem Meeresgrunde von X. war eine rechte Erholung für uns alle. Man konnte sich wieder einmal richtig waschen und sich dann ordentlich niederlegen, ohne fürchten zu müssen, sogleich wieder durch ein „Hujo" im Sprachrohr aufgeschreckt zu werden. Vorher aber haben wir getafelt, ganz regelrecht getafelt. Die beiden Grammophone spielten, und wir ließen die Gläser klingen, die — irgendwie aus Höflichkeit — mit französischem Champagner gefüllt waren. Unser Stucke aber, die treue Seele, Steward, Hilfskoch und Mädchen für alles, bediente uns mit einer ernsten Feierlichkeit, als wäre er noch immer Steward im Speisesaal der „Kronprinzessin Cäcilie", als wäre er niemals fast ein ganzes Jahr in französischer Gefangenschaft gewesen, um jetzt in x Meter Tiefe auf „U-Deutschland" zu hantieren, wo er in unserer gemütlichen Messe immer neue Künste entwickelt und es versteht, in der Miniaturpantry und in ein paar Schubladen ungeahnte Mengen von Tischzeug und Besteden zu verstauen.

Am nächsten Morgen geht's bald wieder in die Höhe. Die Lenzpumpe schnurrt und brummt, und wir klettern mit vielen hundert Litern „über normal" und mit den Tiefenrudern ordnungsgemäß aus der Tiefe empor. Auf etwa zwanzig Meter fängt das Boot an, seine schöne Stetigkeit zu verlieren. Das wird zuerst am Manometer ersichtlich, dann merkt man es an den Tiefenrudern, die schwerer zu bedienen sind und in die das Boot oft ganz unvermutet hart einruckt. Je höher wir kommen, desto lebhafter werden die Bewegungen; da oben muß ein ganz respektabler Seegang stehen.

Ich steige nun vorsichtig auf Sehrohrtiefe hinauf, fahre so eine Zeitlang und halte Umschau. Außer einem Heer wild heranjagender weißer Wogenkämme ist nichts zu sehen. Das Wetter ist mir gerade recht, denn mit desto weniger scharfer Bewachung haben wir zu rechnen.

Ich beschließe nun, ganz aufzutauchen, und lasse Preßluft in einen Tank geben, bis der Turm genügend frei ist. Die Ölmotoren werden angeworfen, und die Ventilationsmaschine sorgt vorläufig für Erneuerung der Luft. Kaum aber hatten wir das Turmluk geöffnet, da flog schon der erste feuchte Gruß in die Zentrale. Damit war es also zunächst noch nichts. Es wird noch ein Tank angeblasen und dann das Turbogebläse angestellt, das die Tanks bald leer preßt.

Vorher ist aber noch ein kleiner seemännischer Kunstgriff nötig. Zum weiteren Auftauchen muß nämlich dwars gegangen werden, da in dem hohen Seegang der lange, schwere Bootskörper gegenan nicht leicht aus dem Wasser hoch kommt.

Mit kleiner Fahrt legen wir also die „Deutschland" quer zur See. Sie rollt jetzt fürchterlich; es ist eine scheußliche Lage und schüttelt einem fast die Seele aus dem Leibe. Dazu gehen alle Augenblicke die schweren Dwarsseen über das Boot hinweg. Aber es gehorcht den Tiefenrudern und steckt langsam die Nase aus dem Wasser.

Als wir ganz heraufgekommen sind, macht der Turm mit den Sehrohren allerdings beängstigende Pendelbewegungen in der Runde.

Nun kommt noch ein unangenehmer Moment: es gilt, das Boot mit kleiner Fahrt langsam wieder auf Kurs zu bringen. Hinter den dicken Turmfenstern geborgen, an denen das Spritzwasser unaufhörlich niederrieselt, mich mit Armen und Beinen in dem wilden Schlingern nach beiden Seiten stemmend, lauere ich hinaus; nach alter Seemannserfahrung warte ich eine Periode von drei besonders hohen Wellen ab, auf die gewöhnlich ein unregelmäßiges niederes Gewoge folgt. Jetzt ist die dritte hohe Woge vorbei, ein Ruf für den Rudergänger in der Zentrale, es gelingt, der Bug bohrt sich langsam herum, und wir kommen ohne allzu schwere Brecher auf unseren alten Kurs.

Es bleibt freilich ein hartes Arbeiten. Der Sturm nimmt eher noch zu, und gegen die schwere See geht unsere Fahrt nur langsam vonstatten. Dazu ist ein Teil der Leute seekrank; die kurzen, ruckweisen Bewegungen des Bootes sind abscheulich.

Aber je weiter wir kommen, desto mehr macht sich die ständige lange Dünung des Atlantischen Ozeans bemerkbar. Das kurze Stampfen hört allmählich auf und geht in ein majestätisches Wiegen über. Wir sehen in der Ferne noch zwei von einem nächtlichen Vorstoß heimkehrende englische Kreuzer. Wir liegen zu tief, sie bemerken uns nicht und entschwinden rasch auf Gegenkurs.

Wir sind nun frei von den englischen Bewachungsfahrzeugen; freudig steuern wir hinaus ins Freie, hinaus auf den weiten Atlantischen Ozean.

Im Atlantik

Da waren wir also glücklich draußen. Recht freundlich empfing er uns nicht, der Atlantik. Wir sind ja von den letzten Tagen her schon einiges gewohnt, aber ich will die Nerven meiner Leute, die noch auf der ganzen vor uns liegenden Reise standhalten müssen, nach Möglichkeit schonen. Ich beschließe darum, südlicher zu gehen, um dort womöglich besseres Wetter anzutreffen. Leider sollten wir uns darin zunächst getäuscht sehen.

Wenn ich heute meine Aufzeichnungen aus jenen ersten Tagen im Atlantik durchblättere, so stoße ich immer wieder auf Bemerkungen wie: „Schwere See" — „Wind steif aus Westnordwest, Stärke acht" — „Wind wächst zum Sturm an" — „Schwere Seen gehen über das ganze Boot und selbst den Turm hinweg" — „Das Boot fährt fast beständig unter Wasser" und so weiter. In diesen paar abgerissenen Sätzen steht das schwere und außerordentlich angreifende Dasein von neunundzwanzig Menschen in einem abgeschlossenen stählernen Fisch, der sich unermüdlich durch eine wilde, aufgewühlte See seinen Weg bahnt.

Ich wüßte keine bessere Gelegenheit, die vortrefflich

durchdachte Konstruktion und die ausgezeichneten See=
eigenschaften unserer „Deutschland" zu preisen, als gerade
bei der Erinnerung an jene Sturmtage im Atlantik. Es
wurde der „Deutschland" auch von den Elementen wahr=
haftig nicht leicht gemacht, nach Amerika zu kommen. Die
allergrößte Beanspruchung wurde an Bootskörper und
Maschinen gestellt, die tagaus, tagein ruhig und gleich=
mäßig weiterzulaufen hatten, wenn wir unser Ziel er=
reichen wollten.

Es ist mir daher ein Bedürfnis, hier der Werft und
aller ihrer Herren dankbar zu gedenken, deren Arbeit
uns ein so vorzügliches Fahrzeug zur sicheren Voll=
endung unserer Fahrt in die Hand gab. Man kann sich
leicht für ein schönes Schiff begeistern, das mit feinen
und eleganten Formen im Hafen jedermann entzückt oder
in ruhigem Wasser mit Höchstgeschwindigkeit dahin=
brausend die Bewunderung von Laien und Fachleuten
erweckt.

Aber was ein Schiff eigentlich taugt, seinen inneren
Wert sozusagen, das erkennt man erst, wenn es seine Probe
auf hoher See ablegt. Man kommt erst hinter seine besten
Eigenschaften und gewinnt so recht erst das Vertrauen in
seine Zuverlässigkeit und Seetüchtigkeit, wenn es einmal
mit Windstärke zehn weht und ein Seegang von Stärke
acht steht, in dem man gegenan soll. Und nicht nur etwa für

ein paar Stunden; nein, tagelang, wochenlang. Da kann ein Schiff dann zeigen, was es wert ist.

Das gilt besonders für ein U-Boot im Kriege. Ein Frachtdampfer im Frieden, der ja auch oft lange Beanspruchungen aushalten muß, hat doch schließlich immer die Möglichkeit, einen Nothafen aufzusuchen oder Hilfe herbeizurufen; im schlimmsten Fall kann er ein paar Tage treiben, um besseres Wetter abzuwarten. Das alles gibt es für das U-Boot nicht. Ihm kommen zu den Gefahren der See die Gefahren von seiten des Feindes, des grausamsten und erbarmungslosesten Feindes. Ihm winkt kein Nothafen, und wenn es ein paar Stunden nur bewegungs- und tauchunfähig liegt und entdeckt wird, dann hetzen ihm die Gegensegler, die dem havarierten Dampfer Rettung und Hilfe bringen würden, die gierigen Bluthunde auf den Hals. Niemand ist so einsam und auf sich allein gestellt wie der U-Boots-Fahrer. Kann er sich nicht unbedingt auf sein Fahrzeug verlassen, dann ist er verloren.

Darum wissen wir alle, was wir der Germaniawerft und dem Konstrukteur unseres Bootes, Oberingenieur Erbach, zu danken haben. Nach seinen Plänen wurde die „Deutschland" ein so vorzügliches Seeschiff, durch das wunderbare Zusammenarbeiten aller Herren des U-Boots-Schiffbau- und des U-Boots-Maschinenbaubüros. Was da im Winter 1915 in unglaublich kurzer Zeit und doch mit der Genauigkeit einer Präzisionsarbeit auf der Helling in Kiel entstand, was Herr Erbach mich in jenen unvergeßlichen Probefahrten im Frühjahr zu verstehen und zu lenken unterwies, das kämpfte sich zwei Monate später sicher seinen Weg durch den sturmgepeitschten Ozean und brachte den Ruhm deutscher Schiffbaukunst über die Meere.

Sturm ist auf dem U-Boot doch noch etwas anderes als selbst auf dem nur gleich großen Dampfer. Solange es geht, muß man natürlich noch aufgetaucht bleiben, um mit den kräftigen Ölmaschinen fahren zu können. Die elektrische Kraft in den Batterien muß immer für äußerste Notfälle gespart werden, da man sonst nicht tauchen oder rasch manövrieren kann. Aber was heißt bei einem U-Boot aufgetaucht fahren im Sturm? Es steckt doch immer bis zum Turm im Wasser, und auch den überspülen die Wogen. Die Seen gehen über das ganze Boot hinweg, weil es zu schwer ist, um wie ein kleineres Fahrzeug gehoben zu werden, und weil es nicht, wie ein Dampfer, beim tieferen Einbohren in solch einen sich heranwälzenden Wasserberg Reservedeplacement zum Tragen bringt, wie man sich seemännisch ausdrückt. Es ist mit seiner ganzen Größe schon getaucht und kann durch ein weiteres Eintauchen nicht wie das Überwasserfahrzeug seine Wasserverdrängung vergrößern und dadurch noch mehr Schwimmfähigkeit und Auftrieb bekommen. Das elastische Arbeiten des Dampfers, der im Seegang dauernd sein Deplacement verändert und durch jeweils wachsenden Auftrieb gestützt und gehoben wird, fällt beim U-Boot weg. Brüllend und mit hartem Aufschlag fallen die Wogen über den bebenden Bootskörper her, seine Bewegungen sind unvermittelt und ruckweise und bedeuten eine fürchterliche Beanspruchung aller Verbände.

Da kann man erproben, was für Material man unter sich hat, da zeigt es sich, wie genial die Linien des Bootes konstruiert sind, daß es selbst in solchem Hexenkessel noch Fahrt behält und steuerfähig bleibt.

„U-Deutschland" wurde auf eine harte Probe gestellt, und sie bewährte sich glänzend. Mehrere Tage blieb das Wetter sich gleich. Orkanartige Böen peitschten das Wasser und überfluteten das Boot mit donnernden Wogenbergen. Selbstverständlich waren alle Einsteigluken auf Deck geschlossen, und in kurzen Zwischenräumen mußte auch das durch die Vorderwand der „Badewanne" doch so gut geschützte Turmluk vom Wachoffizier bei jeder überkommenden See zugeworfen werden.

Schön war's nicht auf dem Turm. Aber immer noch tausendmal besser als unter Deck, wo die Leute in der abgesperrten Luft bei dem ewigen Rollen des Bootes stark an Seekrankheit zu leiden begannen. Mancher altbefahrene Mann opferte hier zum ersten Male Neptun.

Am dritten Tage flaute es endlich ab. Die See wurde ruhiger, und wir konnten sämtliche Einsteigeluken öffnen, um das Boot gut durchzulüften und auszutrocknen. Alle Leute von der Freiwache kamen herauf, um sich an Deck in der Sonne lang auszustrecken und sich zu erholen, was mancher wirklich nötig hatte. Überwacht und mit bleichen Gesichtern kamen sie aus den Luken; kaum aber waren sie an frischer Luft und hatten sich den schönen Seewind um die Nase wehen lassen, da zündeten sie sich schon das geliebte Rauchzeug an.

Da auf unserem jetzigen Kurs wenig Dampfer zu erwarten sind, wird ein großes Trocknen veranstaltet. Jeder bringt seine nassen Sachen, die unten in der eingeschlossenen Luft nicht trocknen konnten, zum Lüften herauf. Das ganze Deck ist voll von Betten, Decken, Kleidern und Stiefeln; an den Drähten des Geländers wird das Unterzeug befestigt und flattert lustig im Winde wie an Wäscheleinen. Dazwischen liegen die Leute in den seltsamsten Stellungen und sonnen sich wie die Eidechsen. Um die künstliche Ventilation sämtlicher Räume durch natürlichen Zug noch zu verstärken, werden in sämtlichen Luken die Segeltuchwindsäcke aufgehängt. Mit ihren zackigen Seitenflügeln haben sie etwas von Fischflossen und lassen den gewölbten grünen Oberbau unserer „Deutschland" wie den Rücken eines phantastischen Urweltfisches aussehen; wir müssen einen seltsamen Anblick dargeboten haben.

Es war aber niemand da, um sich darüber zu wundern; einem einzelnen Dampfer, dessen Rauch gegen Abend am Horizont auftauchte, konnten wir durch Kursänderung leicht ausweichen.

Die Stimmung unter der Besatzung ist vorzüglich; als Zeichen dafür ertönt aus dem Mannschaftsraum lustig das Grammophon. Auch bei uns in der Messe wird der kleine Apparat für „Konservenmusik" angestellt, die aus dem Leben auf U-Booten gar nicht mehr fortzudenken ist.

Im übrigen begann jetzt der monotone Teil unserer Fahrt. Das gute Wetter hielt an, Begegnungen hatten wir wenig zu erwarten.

Ich finde in meinem Tagebuche nur folgende Aufzeichnungen: „Der langweilige Tramp unserer Reise beginnt. Dauernd ein wenig schlingernd, verfolgt das Boot seinen Kurs; ab und zu wird einem Dampfer aus dem Wege gegangen. Mehrere Tage kommt überhaupt nichts in Sicht; die Grammophone spielen, und alles ist in bester Stimmung. Auf hoher See im U-Boot ist man ja wie niemand anderes mit seinem Wohlbefinden vom Wetter abhängig."

Es ist eigentlich der erste Augenblick, daß wir etwas

aufatmen können. Man blickt zurück, man blickt voraus und wird in dem ewigen Einerlei der See mitteilsamer.

Ich stehe eines Tages auf dem Vorschiff; neben mir hockt unser riesiger Bootsmann Humke in der geöffneten Holzverschalung des schmalen mittleren Aufbaudecks, unter der wir unser Rettungsboot gut verstaut haben; einige Zurrings hatten sich in den Sturmtagen gelockert und mußten nachgezogen werden.

Ich habe lange so gestanden, nach Westen blickend, in Gedanken an Amerika, unser Ziel.

Plötzlich reizt es mich, den braven Humke darüber anzusprechen. Ich frage ihn, was er dazu meint, daß wir nun mitten im Kriege nach Amerika fahren. Welche Vorstellung er sich von dem Zweck unseres Unternehmens mache.

Da grinst der Wackere und antwortet ohne Zögern: „Ja, Geld verdienen."

Das ist mir etwas zu summarisch, und ich versuche, ihm verständlich zu machen, was es bedeutet, den Handel mit Amerika wieder aufzunehmen, mitten im Krieg, allen englischen Blockadeschiffen zum Trotz; dabei versuche ich, ihm den Zweck der englischen Blockade zu erklären.

Er faßt rasch auf und sagt:

„Ja, nu verstoh' ick woll, wat de Engländer mit de Blockad wullt."

Ich gehe weiter und setze ihm, so gut ich kann, das Erfordernis und die Bedeutung einer effektiven Blockade auseinander und werde durch seine Antwort überrascht, die er mir sofort aus dem Gefühl des Volkes heraus mit der naiven Sicherheit unserer Seeleute gibt:

„Ach wat, uns kriegt se ja doch nich! Un denn hätt' ja de ganze engel'sche Blockad keenen Zweck!"

Inzwischen waren noch einige Leute der Freiwache herbeigekommen und hörten zu. Da standen sie breitbeinig auf dem schmalen Deck eines kleinen U-Bootes mitten im Atlantischen Ozean, ein paar unerschrockene deutsche Seeleute.

„Leute", sage ich, „nun habt ihr gehört, warum wir hier fahren. Aber ich will euch noch was dazu erzählen.

Kerls, ihr habt ja keine Ahnung, was unsere Fahrt eigentlich bedeutet. Unsere brave ,Deutschland' hier ist ja viel mehr als bloß ein Fracht-U-Boot, mit dem wir den Amerikanern deutsche Waren bringen; Waren allerdings, die feindlicher Handelsneid und feindliche Tücke bis jetzt den amerikanischen Küsten fernhielten, nicht nur um die deutsche Ausfuhr zu schädigen, sondern um dabei auch wacker im trüben fischen zu können, um die amerikanische Industrie und den amerikanischen Handel in aller Unschuld auf das empfindlichste zu schädigen.

Damit ist's jetzt vorbei, dafür sorgen wir. Aber das ist noch nicht alles. Das Auftreten des ersten Handels-U-Bootes bedeutet noch viel mehr. Ohne ein Geschütz oder einen Torpedo an Bord zu haben, bringt unsere „Deutschland" eine Umwälzung für das ganze Seewesen, für den ganzen überseeischen Handel und für das internationale Recht mit sich, eine Umwälzung, die von noch gar nicht absehbaren Folgen sein wird.

Wie ist's denn bis jetzt mit der Schiffahrt im Krieg, mit unseren Kriegs-U-Booten gegangen? Wir wollten uns mit ihnen gegen die völkerrechtswidrige barbarische Aushungerung wehren. Und was taten die Gegner? Sie bewaffneten ihre Handelsschiffe und schossen jedes U-Boot zusammen, das sich ihnen näherte, um Konterbande zu versenken. Das heißen sie dann Verteidigung.

Und was geschieht nun? Wir wehren uns unserer Haut, und unsere U-Boote, denen in jedem Fischdampfer ein „Baralong"-Mörder auflauert, versenken ohne Warnung die bewaffneten englischen Handelsschiffe, um nicht selbst plötzlich zusammengeschossen oder gerammt zu werden.

Jetzt schreien die Engländer um Hilfe; und mit dem bestehenden formalen Recht gewinnen sie die Amerikaner auf ihre Seite, denn in dem bestehenden formalen Recht — gibt's noch keine besonderen Bestimmungen für U=Boote. Wir wollen mit dem großen amerikanischen Volke Frieden haben und geben nach. Die Regierung, die den ‚Baralong'=Kommandanten belohnte, scheint gesiegt zu haben; es bleibt dabei, Handelsschiffe dürfen nicht un=gewarnt versenkt werden.

Da kommt unsere ‚Deutschland' und ist ein U=Boot und ein Handelsschiff. Handelsschiffe dürfen nicht un=gewarnt versenkt werden, und — das bestehende for=male Recht kennt noch keine besonderen Bestimmungen für U=Boote. Ein Handels=U=Boot aber, das man vor dem Versenken untersuchen muß, dürfte schwerlich zu stellen sein, wenn es noch tauchfähig ist. Da ist das schnellste Torpedoboot machtlos.

Unsere Feinde sind in der eigenen Schlinge gefangen; die ‚Deutschland' wirft die ganze einseitige Auslegung des formalen Rechts über den Haufen. Was zuerst gegen uns benutzt wurde, das spricht jetzt für uns.

Denn jetzt steht es so: Wenn Handelsschiffe, die ja auch U=Boote sein können, nicht ohne Untersuchung versenkt werden dürfen, dann hat unsere ‚Deutschland' unter dem bestehenden formalen Recht die feindliche Blockade hinfällig gemacht. Denn das deutsche Handels=U=Boot möchte ich sehen, an das ein gegnerisches

Bewachungsfahrzeug nahe genug herankommen könnte, um es zu untersuchen.

Oder aber, es wird nicht untersucht, dann dürfen eben Handelsschiffe ohne Warnung versenkt werden — auch die unsrer Feinde. Damit wäre das Kriegsrecht wieder ins Gleichgewicht gebracht durch ein friedliches, unbewaffnetes Handels-U-Boot.

Das, Leute, ist die ungeheure Bedeutung, die in dem Auftreten unserer ‚Deutschland' liegt."

Damit schloß ich meine Rede, wohl die längste, die ich je gehalten habe.

*

Das schöne Wetter hält weiter an. Das Barometer bleibt beständig gut, die Luft ist trocken und klar. Wir kommen allmählich in die Breiten, in denen das gute Wetter in dieser Jahreszeit die Regel ist; die Wärme der Sonnenbestrahlung macht sich schon fühlbar, und wir beginnen, auf kleine Erfrischungen zu sinnen.

Dabei bewährt sich unser „Wellenbad". Es ist das eine Erfindung des Wachmaschinisten, Herrn Kißling, der sonst eigentlich für nichts Interesse hat als für seine Motoren. Für die ist er freilich von einer rührenden, durch nichts zu überbietenden Sorgfalt beseelt. Wie oft geschah es bei hohem Seegang, wenn alle Decksluken dicht waren, daß plötzlich ein Mann im Turmluk auftauchte und sich in blinder Hast durch die „Badewanne" zu zwängen versuchte, ohne Rücksicht auf die hohe Navigation, die dort gerade ausgeübt wurde. Wenn nun der Wachoffizier ärgerlich über die Störung auffahren wollte, dann war es unserer wackerer Kißling, der, von höchster Sorge für seine Motoren getrieben, in seinem ältesten Ölzeug über das triefende und überspülte Deck dem Heck zustrebte, um dort nach dem Auspufftopf zu gucken. Er mußte zu jeglicher Zeit nachsehen, ob auch die Verbrennung ordentlich arbeitete, ob der Herzschlag seiner Motoren gut funktionierte und ob die Explosionen ganz regelmäßig waren. Er ging in seinen geliebten Maschinen ganz auf und lebte mit ihrem Rhythmus. Er hörte die geringste Unregelmäßigkeit in ihrem Arbeiten und ging ihr dann von allen Seiten zu Leibe.

Bei einer seiner gar nicht ungefährlichen Extratouren über das gewölbte, schlüpfrige Seitendeck muß ihm plötzlich irgendwie die Erleuchtung gekommen sein; kurz, er beglückte uns mit der Erfindung des Wellenbades. Die Sache war ganz einfach und naheliegend, wie alle genialen Erfindungen.

Um sie zu verstehen, muß man den äußeren Aufbau der „Deutschland" kennen. Über dem walzenförmigen Druckkörper und den seitlich davon gelagerten Tauchtanks und Ölbunkern baut sich das Außenschiff auf, das dem Fahrzeug die eigentliche Schiffsform gibt. In seinem oberen Teile bildet dieses Außenschiff die sogenannten Außentanks, die bei beladenem Schiff immer durchflutet sind, da Wasser und Luft durch zahlreiche Öffnungen, Löcher und Schlitze zu ihrem Innern Zutritt haben, um ein rasches Ein- und Austauchen zu ermöglichen. Die Außentanks spielen also für die Schwimmfähigkeit keine Rolle, sie sind nur eine Konsequenz der die Schiffsform bildenden Außenhaut, die nach oben zu nicht den Formen von Druckkörper und Tanks folgt. Trotz dieser relativ nebensächlichen Bedeutung müssen die Außentanks natürlich von oben zugänglich sein, was durch größere, in der oberen Deckshaut eingepaßte, lösbare Verschlußbleche und Einsteigeleitern ermöglicht wird. Auf dem sogenannten Tankdeck stehend, hat man dann in den Außentanks noch etwa Stehhöhe bis zur oberen Deckshaut. Von allen Seiten spült auf der Fahrt natürlich das Seewasser in diese großen Räume hinein; man braucht nur durch die Öffnungen der entfernten Verschlußbleche einzusteigen, um ein wunderbares, absolut sicheres Meerwellenbad zu genießen.

Wir haben das denn auch häufig genug ausgenutzt und prachtvoll gebadet.

Die Sache hatte nur einen Nachteil. Wenn man nämlich kurz nach einem Tauchen zum erstenmal in das Wellenbad stieg, nahm man kein Meerwasser-, sondern ein richtiges Ölbad. Die Bunker halten nämlich, besonders nach längerer und anstrengender Fahrt, niemals ganz dicht, und so kommt es, daß das auftauchende Boot nicht selten eine eigene Ölschicht durchbricht, bevor es an die Meeresoberfläche kommt. Diese Ölschicht findet man dann in der „Badewanne", auf den Lukendeckeln und auf dem Deck. Innerhalb der Außentanks bleibt sie natürlich auf der Oberfläche des Wassers, das hier nicht so schnell wechseln kann. Es dauert meistens einen Tag, wenn nicht noch länger, bis das alte ölige Wasser dort abgeströmt und durch neues ersetzt ist. Wer also in dieser Zeit in das Wellenbad stieg, der kam wenig erfrischt und mit einer hochglänzenden, in allen Farben spielenden Haut wie ein Nickelmann heraus. Die Mannschaft hatte an dieser Metamorphose natürlich ihren besonderen Spaß.

*

Das schöne Wetter gab mir aber auch Gelegenheit, mit meinen Herren eine andere Art von Unterhaltung zu pflegen, die für den glatten Verlauf unserer Fahrt nicht ganz belanglos war. Wir holten die Sextanten hervor und gingen daran, einmal wieder genau nach der Sonne unseren Schiffsort zu bestimmen, was während der vorhergegangenen Sturmtage doch nur recht annäherungsweise möglich gewesen war. Besonders aber die wunderbare klare Luft war es, die mich veranlaßte, uns in der Dämmerung im Beobachten von Sternen und im Bestimmen von Gestirnhöhen zu üben.

Nach der langen Zeit eines untätigen Landlebens war es mir geradezu ein Bedürfnis, einmal wieder das seemännische Handwerkszeug hervorzuholen, mit Chronometer und Sextant, mit Zirkel und Seekarte zu hantieren und ein ordentliches Besteck*) aufzusetzen, wenngleich unter recht eigenartigen Bedingungen.

Die astronomische Navigation auf U-Booten ist einem nämlich nicht ganz leicht gemacht.

Es ist für einen alten Dampferkapitän schon ein seltsames Gefühl, solch ein immerhin gar nicht kleines Fahrzeug von dem niedrigen Standort auf dem Turm aus im belebten Gewässer zu navigieren. Man hat nicht den gewohnten Überblick über das Fahrwasser, hat mit einer ganz besonderen Drehfähigkeit zu rechnen, muß sich auf ein anderes Manövrieren, auf andere Kommandoverhältnisse und Entfernungsschätzungen einstellen. Besonders

---

*) Besteck ist die Berechnung des Schiffsorts nach geographischer Länge und Breite.

eigenartig aber berührt es, wenn man in der engen „Badewanne" auf dem Turm eine Mittagshöhe messen, einen Kurs absetzen oder ein Besteck ausrechnen soll. Man ist gewohnt, auf der breiten Brücke des großen Dampfers hoch über dem Wasser seine Messungen in Ruhe vornehmen zu können und alle nötigen Meldungen durch das Signalpersonal prompt zu bekommen. Dann geht man von der Brücke aus nebenan in das bequeme Kartenhaus, hat den schönen Kartentisch vor sich und macht seine Berechnungen mit allem Komfort.

Und nun auf dem U-Boot: Eingeklemmt in einen ovalen Stahlbottich von der Größe eines mittleren Damenkoffers, hängt man auf einem hölzernen Klappsitz, preßt sich mit der Schulter gegen die Brüstung und versucht mit krampfiger Hand, den Sextanten aufrecht zu halten, bis man einmal das Sonnenbildchen gerade auf die Kimm bekommt. Dann gilt es, das Instrument rasch hinter die Schutzwand zu bergen und durch den Turm in die Zentrale hinabzuklettern, wie man vorher hinaufgeklettert ist: die Instrumente und Karten gegen die Brust gepreßt und sich mit Rücken und Knien anstemmend. So zwängt man sich wieder durch das Turmluk, um oben, sprungweise auf jeden Brecher lauernd, mit Zirkel und Parallellineal zu arbeiten; der Kartentisch sind die Knie, und man hat das erhebende Bewußtsein, seine Standlinien*) in beständig kauernder Stellung aufgenommen zu haben.

Wie froh ist man unter solchen Verhältnissen, einmal wieder bei ruhiger See und klarem Wetter an Deck arbeiten zu können!

Auch dem Prüfungstauchen, das wir nach Möglichkeit jeden Tag vornehmen, kommt das schöne Wetter sehr zustatten. Es klappt vorzüglich; wir können mit Ruhe an die amerikanische Küste herangehen, um sicher in die Drei-Meilen-Zone hineinzutauchen.

Bei diesem Prüfungstauchen erlebten wir ein wunderbares Schauspiel von märchenhaftem Reiz.

Ich hatte das Boot so einsteuern lassen, daß der Turm etwa drei Meter unter Wasser war. Droben schien die klare Sonne und erfüllte die Tiefe mit hellem Schein. Das reine Wasser war farbig erleuchtet, in der Nähe wie lichtes Azurblau von fabelhafter Klarheit und durchsichtig wie Glas. Von den Turmfenstern konnte ich das ganze Boot sehen; umspielt von den blinkenden Perlen der Luftblasen, die immer aus dem Bootskörper entweichen, erstreckte sich das Deck bis hin zum Bug, der in phantastischer Deutlichkeit noch sichtbar war. Weiter voraus kam ein farbiges Dämmern; es sah aus, als schiebe

---

*) Standlinie ist eines der rechnerischen Elemente zur Bestimmung des Schiffsorts.

sich der Bug lautlos in eine opalgrüne Wand, die sich immer wieder glitzernd zerteilte und in der Nähe zur wesenlosen farbigen Durchsichtigkeit wurde.

Wir waren wie gebannt von dem fabelhaften Anblick, dessen phantastische Wirkung noch dadurch erhöht wurde, daß Quallen, in dem durchsichtigen Blau vorüberschwebend, sich häufig in den Drähten des Geländers vertakelten und dann rosafarben, blaßgelb und purpurn aufleuchteten.

Fische konnten wir in der geringen Tiefe nicht beobachten.

Am nächsten Tage hatten wir ein kleines Erlebnis, das uns noch viel Spaß machte, wenn es auch anders ausging, als wir erwarteten.

Mein Ehrgeiz war durch die mannigfachen Erfolge angespornt worden, die meine Kameraden von der Handels- und Kriegsmarine errungen hatten, indem sie durch Bemalung und sonstige geschickte Veränderungen der Aufbauten ihre Schiffe dem Feinde unkenntlich gemacht hatten.

Wir hatten uns in den vorhergehenden schönen Tagen eine wunderbare Dampferattrappe gemacht, um von in der Ferne passierenden Dampfern nicht als U-Boot erkannt zu werden. Aus Segeltuch hatten wir einen Schornstein fabriziert, der mit mehreren Drahtringen am Sehrohr zu befestigen war und kühn in die Höhe ragen konnte. Für den Turm war eine Umkleidung von Segeltuch vorgesehen, die das mittlere Aufbaudeck eines kleineren Frachtdampfers vortäuschen sollte.

Dergestalt für alle Möglichkeiten ausgerüstet, fuhren wir in herrlichstem Sonnenschein dahin, bis eines Abends siebeneinhalb Uhr an Steuerbord voraus ein Dampfer auftauchte. Wir erkennen bald, daß er ganz nahe an uns vorbeikommen muß, wenn wir unseren Kurs durchhalten. Wir halten deshalb von ihm ab und gehen an die Erprobung unserer Attrappe.

Der „Schornstein" wird am Sehrohr vorgeheißt und bläht sich in seiner stattlichen Größe im Winde; um ihm ein noch „echteres" Aussehen zu geben, verbrennen wir an seinem unteren Ende in Öl getränkte Putzbaumwolle. Außerdem verschwindet der Turm unter dem etwas flatternden „Aufbaudeck".

Aber die pflichtvergessene Baumwolle schwelt nur abscheulich und will keinen Rauch von sich geben. Alles steht mit aufgeblasenen Backen darum herum und müht sich vergebens, bis der F.-Telegrafist, ein findiger Berliner, eine Luftpumpe herbeiholt und in unserem imaginären Dampfkessel eine gewaltige Glut entflammt. Ein Hurra belohnt seine Kunst, und — am oberen Rande des „Schornsteins" erscheint ein zartes Wölkchen, um sich alsbald in Nichts aufzulösen.

Wir lachen und wollen schon rauchlos weiterfahren, da kommt der Bootsmann Humke mit einer Konservenbüchse voll Teer an. Die Luftpumpe tritt wieder in Tätigkeit, und endlich kann unser "Schornstein" als qualmend gelten.

Der Erfolg war jedenfalls verblüffend. Denn der Dampfer drüben ändert plötzlich seinen Kurs und — dreht hart auf uns zu.

Das war nicht gerade unsere Absicht; ich lasse sofort unsere Masten niederlegen und alles tauchklar machen; der Deckaufbau verschwindet, und mit tiefer Verbeugung sinkt unser Prachtschornstein in sich zusammen.

Kaum sieht das der Dampfer und erkennt das U-Boot, da erfaßt ihn ein blindes Entsetzen. Er dreht wieder hart ab und beginnt zu fliehen, indem er dicke tiefschwarze Rauchwolken ausstößt, die wir nicht ohne einigen Neid erscheinen sehen.

Unverdrossen heißen wir jetzt unseren Schornstein von neuem vor, die Masten gehen wieder hoch, und während unser Dampfer in wilder Flucht enteilt, stehen wir und lachen Tränen.

Die Komik der ganzen Situation war aber auch zu erschütternd.

Unsere schöne Attrappe, die uns unauffällig machen sollte, hatte uns wohl erst die Aufmerksamkeit des wackeren

Dampfers zugezogen. Offenbar hielt er uns für ein Wrack oder sonst ein in Not befindliches Fahrzeug und kam vermutlich in der besten Absicht näher, um sich plötzlich vor der teuflischen Tücke eines heuchlerischen U-Bootes zu sehen.

Was die Leute an Bord wohl gedacht haben, als sie sich von ihrem ersten Schrecken erholt hatten? Sicher waren sie schließlich riesig stolz darauf, dieser neuen List der „Piraten" so geschickt entgangen zu sein.

Und wir wären so stolz darauf gewesen, wenn unsere Attrappe besser funktioniert hätte.

Wir ließen uns aber nicht entmutigen, sondern verbesserten unsere Erfindung mit dem Erfolg, daß wir zwei Tage später an einem entgegenkommenden Dampfer unter gewaltiger Qualmentwicklung unerkannt vorbeidampften.

Die Hölle

Der Juni ging allmählich seinem Ende zu und leider auch das gute Wetter.

Aufkommende südwestliche Dünung und das Ausbleiben der erhofften Mitströmung waren Zeichen eines im Süden den Lauf des Golfstroms entlangziehenden Sturmzentrums.

So fahren wir noch einen Tag.

Am Abend beginnt es schwül und drückend zu werden; hinter blutigroten Dunstschleiern geht die Sonne zögernd unter.

Drohend aussehende Luft und heftiges Wetterleuchten, dazu rasch wachsende feuchte Schwüle in der Atmosphäre verkünden die Nähe des Golfstroms. In der Nacht setzen maßlos heftige Gewitter ein mit einem von allen Seiten umspringenden Wind und wild durcheinanderlaufender See, die das Steuern merklich erschwert.

Messungen ergeben ein Zunehmen der Wassertemperatur, die schließlich bis auf achtundzwanzig Grad Celsius steigt.

Wir sind im Golfstrom, der seinen Umkreis in der

Luft über sich durch einen feurigen Kranz von schwersten Tropengewittern bezeichnet.

Starkes Meeresleuchten und heftige atmosphärische Störungen sind weitere Begleiterscheinungen des Stroms. Wir merken das an unserem F.=T.=Apparat, der durch die Spannungen der elektrisch überladenen Luft irritiert wird und zu streiken beginnt. Bis jetzt hat er uns jeden Tag die Heeresberichte der Station Nauen getreulich übermittelt.

Das Meeresleuchten behindert den Ausguck sehr stark; man ist manchmal geradezu geblendet, die Augen werden gereizt und der Blick unsicher gemacht durch das ständige Funkeln der Meeresoberfläche in der tiefschwarzen Nacht. Das ist nun sehr unangenehm, denn wir kommen jetzt in eine Gegend, wo sich viele Dampfertracks schneiden und doppelte Vorsicht am Platze ist.

Dazu wird das Wetter äußerst bösartig; grober Seegang kommt auf, schwere Hagelböen prasseln auf Deck und in die schäumenden aufgepeitschten Wogen, es weht mit Windstärke elf bis zwölf.

In der Runde über dem kochenden Meer hängen schwere schwärzliche Wolkenballen, aus denen es unaufhörlich fahlgelb aufzuckt: ganze Breitseiten von Blitzen. Dann rückt die Luft draußen plötzlich in tiefschwarze Nacht zurück, während auf Augenblicke das Boot und das umgebende Wasser in grünlichem Lichte aufflammen, in allen Einzelheiten sichtbar...

Die ganze Atmosphäre ist in einem brüllenden Aufruhr, es rollt über uns mit einem einzigen, ununterbrochenen Donnerkrachen, wir kommen in das Zentrum: ein Hexenreigen von Urweltsgewittern tost um das Boot, es ist wie das Ende aller Dinge...

Plötzlich tauchen hinter uns die Topplaternen eines großen Dampfers auf. Wir können ihm in der dunklen Nacht ungesehen aus dem Wege gehen. In einiger Entfernung zieht er wie eine leuchtende Erscheinung vorüber; es ist ein Passagierdampfer, der, seinem Kurs nach zu schließen, aus dem Mittelmeer kommt. Ich muß gestehen, wir blickten seinen Lichterreihen doch mit einer kleinen Regung von Neid nach, bis ihn Regen und Dunkelheit wieder verschluckten.

Am nächsten Tag erreichte das Unwetter seinen Höhepunkt. Orkanartige Böen fegten daher, die Luft war von ständigem Gischt erfüllt. Das Wasser geht nicht mehr in Fäden nieder, es sind ganze Kaskaden, es sind Wände von Wasser, die da vor uns herunterstürzen und geradezu schmerzhaft auf Gesicht und Hände peitschen. Der Regen ist so dicht, daß man nicht mehr gegen ihn sehen kann. Um nur ein wenig Umschau zu gewinnen, muß man eine kleine Glasscheibe vors Auge halten, mit dem Ergebnis, daß ein kleiner Sturzbach von der Scheibe in den Ärmel geweht wird.

Das Boot arbeitet außerordentlich schwer in der tobenden See. Die Wogen werfen es hin und her, daß es in allen Verbänden kracht; manchmal holt es so über, daß man sich mit der einen freien Hand kaum noch an der Brüstung der „Badewanne" halten kann.

Es ist ein Inferno.

Aber es ist nichts gegen die Hölle dort unten im Boot, besonders in der Maschine.

Bei der wilden See müssen natürlich alle Luken geschlossen sein; auch das Turmluk kann nur zeitweise offengehalten werden. Wohl arbeiten zwei große Ventilationsmaschinen unaufhörlich. Aber die frische Luft, die sie aus dem sorgfältig vor Brechern geschützten Ventilationsschacht nach unten saugen, wird von den gierigen Dieselmotoren sofort verschlungen. Die gefräßigen Ungeheuer geben voll Undank dafür nur Hitze ab, schwere, lastende Hitze, mit fürchterlichem Öldunst geschwängert, die nun von den Ventilatoren im Kreislauf durch alle Räume gepeitscht wird. Erfrischung kann solche Ventilation nicht mehr bringen.

Die Luft im Boot ist dabei bis zu einem phantastisch hohen Grad mit Feuchtigkeit gesättigt. Man glaubt, gar nicht mehr in ihr atmen zu können, und sieht resigniert oder mit Galgenhumor dem Moment entgegen, in dem man eigentlich zum Fisch werden müßte. Bei geschlossenen Luken sammelt sich in dem abgesperrten Schiffskörper überall Schweißwasser an, das in der Wärme wieder verdunstet, alles durchfeuchtet und schimmeln läßt. Alle Schubfächer und die Türen der Schränke quellen auf und klemmen; dazu kommt das nasse Zeug, mit dem die Wachhabenden vom Turm kommen und das nun das ganze Boot verpestet.

Man kann sich gar keinen Begriff machen von der Atmosphäre, die so allmählich entsteht, von der Höllentemperatur, die in dem Boot brütet.

Wir hatten, wie gesagt, im Golfstrom eine Außentemperatur von achtundzwanzig Grad Celsius. So warm war schon das uns umgebende Wasser. Frische Luft kommt nicht mehr herein, und im Maschinenraum hämmern in rasendem Viertakt zwei sechszylindrige Verbrennungsmotoren. Die Kraft ihrer Explosionen schleudern sie in die wirbelnden Kurbelwellen, mit glühendem Atem krachen die verbrannten Gase zur Auspufföffnung hinaus, aber die Glut der unaufhörlichen Verbrennungen bleibt in den Zylindern und teilt sich der ganzen öltriefenden, stählernen Umgebung mit; eine atembeklemmende Wolke von Hitze und Öldunst geht von den Maschinen aus und verbreitet sich lastend durch alle Räume.

Die Temperatur stieg in diesen Tagen bis auf dreiundfünfzig Grad Celsius.

Und in einer solchen Hölle lebten und arbeiteten Menschen. Stöhnend wälzten sich die nackten Freiwächter in ihren Kojen; an Schlaf war kaum zu denken, und wenn einer gerade daran war, in ein dumpfes Hindämmern zu versinken, dann weckte ihn der über die Stirn unaufhörlich in die Augen rinnende Schweiß zu neuer Qual.

Fast wie Erlösung scheint's, wenn die acht Stunden Ruhe vorüber sind und der Dienst die neue Wache in die Zentrale oder an die Maschine ruft.

Nun aber geht das Martyrium erst an. Nur mit Unterhemd und Hose bekleidet stehen die Leute auf ihren Posten, um die Stirn ein Tuch gebunden, das den rinnenden Schweiß von den Augen fernhalten soll. Das Blut glüht und rast in den Schläfen, wie Fieber kocht's in allen Adern; nur mit höchster Willensanspannung gelingt es, den schweißüberströmten Körper zu mechanischer Dienstleistung zu zwingen...

Der rasende Takt der Motoren, das Hämmern und Schlagen machen eine Verständigung unmöglich. Mit vorquellenden Augen, die Lippen halb geöffnet wie die eines Verdurstenden, steht der Wachhabende, schaut auf den Maschinen-Telegrafen und gibt die empfangenen

Befehle durch Zeichen weiter. Dantes Inferno kann nicht furchtbarer sein als die Hölle dieses Raumes, in dem die Wachen alle vier Stunden wechseln, um in acht Stunden Rast wieder neue Kraft zu gewinnen.

Gewiß, zwei große Ventilatoren suchen Kühlung zu bringen, aber sie peitschen die Glutwellen nur von einer Seite zur anderen, lassen sie sich in Wirbeln treffen, um als gleiche Glutwelle zurückzukommen.

Endlos dehnen sich die vier Stunden der Wache. Wenn die Ablösung endlich kommt, ist jeder völlig erschöpft und fällt wie tot in seine Koje. Aber die Ruhe bringt nur wenig Erleichterung. Hier wie im Maschinenraum scheinen die Ventilatoren nur die das Mark dörrende Glut zu vermehren. Gierig greift die Hand nach der Wasserflasche, deren warmer Inhalt die trockenen Lippen nicht kühlt, aber dem Körper wieder das zuführt, was er beständig verliert.

Aber wie lange noch wird das auszuhalten sein?

Ich habe in jenen Tagen kein Tagebuch mehr geführt und finde nur die Aufzeichnung: „Höher darf die Temperatur nicht mehr steigen, wenn es die Leute im Maschinenraum noch aushalten sollen."

Aber sie haben es ausgehalten, sie blieben aufrecht wie Helden, sie taten ihren Dienst, erschöpft, glühend und schweißbedeckt, bis das Sturmzentrum hinter uns lag, bis es draußen aufklarte, bis die Sonne durch die Wolken brach und der abnehmende Seegang gestattete, die Luken wieder zu öffnen. Jäh fährt da in die ermatteten Glieder neues Leben. Kein Befehl wird so rasch erfüllt wie dieser. Lachend stürzen sie die Leitern zu Licht und Luft hinauf, werfen sich aufs Deck, starren in die leuchtende Sonne und baden die erschlafften Glieder in ihren heißen, auffrischenden Strahlen. Wie dankbar sind diese Menschen der Natur, die ihnen wie neugeschenkt erscheint.

Auf den blauen Wogen des Ozeans wiegt sich nun das kleine Schiff, und kaum einen halben Meter über der Wasserfläche liegen die Menschen schlafend oder ins Weite träumend. Meeresstille und glückliche Fahrt. Leise rauscht das Wasser sein altes Lied, ein frischer Wind streicht über die von der Hitze ausgemergelten Leiber.

Alles gibt sich sorglos dem Genuß des Augenblicks hin, denn im Turm wacht einer für sie alle! Sein scharfer Blick schweift unermüdlich über die weite Fläche. Von Zeit zu Zeit fliegt das Zeißglas an die Augen, aber jedesmal senkt es sich bald wieder, der Horizont ist eine glatte, von keinem Mast und Schornstein unterbrochene Linie, deren tiefe Bläue sich scharf von dem lichten, sonnendurchglühten Blau des Sommerhimmels abhebt.

Amerika

Während wir auf dem Atlantik den uns entgegenkommenden Dampfern bei günstigem Kurse über
Wasser auswichen und es darauf ankommen ließen,
hin und wieder einmal gesehen zu werden, tauchten wir
die letzten Tage ohne Ausnahme, sobald sich nur eine
Rauchwolke am Horizont zeigte. Wir wollten beim An-
steuern der Küstengegend auf keinen Fall gesehen werden,
da wir mit der Anwesenheit feindlicher Kriegsschiffe
rechnen mußten.

Am achten Juli hatten wir unter Tags schon an der
Farbe des Wassers gemerkt, daß wir dem Ziel unserer
Reise nicht mehr fern sein konnten.

Im Laufe des Nachmittags beriet ich mich mit meinen
Offizieren über die Ansteuerung von Kap Henry, dem
südlichen der beiden Vorgebirge, die den Eingang der
Reede von Hampton Road und zur Chesapeake-Bai
bilden.

Ich war der Ansicht, in tiefem Wasser auf zirka zehn
Seemeilen Abstand von der amerikanischen Hoheitsgrenze das Morgengrauen abzuwarten und mich dann

zu vergewissern, ob nicht feindliche Maßnahmen getroffen worden waren. Für den Fall, daß von unserer Reise doch Bestimmtes in die Öffentlichkeit durchgesickert war, mußten wir unbedingt mit solchen Maßnahmen rechnen.

Krapohl dagegen schlug vor, unter dem Schutze der Nacht gerade möglichst nahe an die Küste heranzufahren, und wurde in dieser Hinsicht von Eyring unterstützt.

Beide Pläne hatten ihr Für und Wider, und so bestimmte ich, zunächst in der Abenddämmerung vorsichtig weiterzufahren und abzuwarten, wie die Witterungsverhältnisse sein würden.

Die Entscheidung brachte bald darauf eine aufkommende steife Südwestbrise, die uns gute Sichtweite verschaffte, was zuvor in der diesigen Sommerluft nicht der Fall gewesen war. Zugleich aber versetzte uns die Brise in ein starkes Schlingern, das sich bei der aufgekommenen steifen und kurzen See höchst unangenehm bemerkbar machte. Wir beschlossen daher kurzerhand, auf Grund der kurz vorher genommenen guten astronomischen Beobachtungen die Feuer von Kap Henry und Kap Charles in der Nacht noch anzusteuern.

Wir fuhren also weiter, bis sich nach nicht allzu langer Zeit ein blasser Schein ruckweise am Horizont heraufschob und wieder verschwand.

Das war der Schein des Blitzfeuers von Kap Henry, der erste Gruß Amerikas.

Plötzlich tauchte an Steuerbord voraus ein weißes Licht auf, das gleich wieder verschwand und dann noch mehrmals aufflackerte. Gleich darauf erschien auch an Backbord ein weißes Licht, das aber fest blieb.

Wir sahen uns an.

Alle Teufel, was ist das? Das sah verflucht danach aus, als ob abgeblendete Kriegsfahrzeuge sich Lichtsignale gäben.

Auf alle Fälle hieß es höllisch aufpassen.

Mit halber Kraft, bis an den Turm im Wasser, alle Mann auf Tauchstationen, schlichen wir unter schärfster Beobachtung näher, mit unseren Gläsern in die Dunkelheit bohrend.

Es dauerte nicht lange, da stellte sich heraus, daß das feste Licht die Topplaterne eines ausfahrenden harmlosen Dampfers war, der schon ziemlich entfernt achtern von uns vorbeilief. Bald darauf konnten wir dann auch an der Stelle des Flackerlichtes die Umrisse der Segel eines Dreimastgaffelschoners ausmachen, der nach Art vieler Küstenfahrzeuge ohne Seitenlichter fuhr und nur von Zeit zu Zeit am Heck ein weißes Licht zeigte. Das hatten wir für das Signalisieren von Kriegsschiffen gehalten.

Erleichtert ließ ich die Maschine große Fahrt voraus gehen, und bald bekamen wir auch den Schein des festen Feuers von Kap Henry in Sicht, während das Zucken des Blinkfeuers von Kap Charles immer deutlicher am Horizont aufleuchtete.

Nun wußten wir, daß wir richtig angesteuert hatten; die Einfahrt zwischen den beiden Vorgebirgen lag vor uns.

Bald kamen auch die Feuer selbst über die Kimm; mit einem unbeschreiblichen Gefühl im Herzen begrüßte ich das Blitzfeuer von Kap Charles, das mir mit seinen unermüdlichen Lichthieben inmitten der uns umgebenden dunklen Unendlichkeit ein schweigendes, aber untrügliches Zeichen für die Gewißheit war: dort drüben liegt nach langer gefahrvoller Fahrt endlich festes Land, liegt unser Ziel, liegt das große Amerika.

Wir passierten nun die allmählich auftauchenden Leuchtbojen des Fahrwassers, und das mir von meinen früheren Fahrten wohlbekannte Heulen der nahe dabeiliegenden Heulboje gab mir auch durch das Gehör das Gefühl von der Nähe des festen Landes.

Nachdem wir auch die Heulboje passiert hatten, tauchten wir ganz auf. Wir sahen nun die Lichter mehrerer Passagierdampfer, von denen wir aber nicht entdeckt wurden, da wir noch abgeblendet fuhren, bis wir Kap

Kapitän König und Paul Hilken, der Vertreter
des Norddeutschen Lloyd in Baltimore

Wohltätigkeitspostkarte mit der Besatzung der „U-Deutschland"

Henry querab und die amerikanische Hoheitsgrenze erreicht hatten.

Das war am achten Juli, nachts elf Uhr dreißig.

Innerhalb der amerikanischen Hoheitsgrenze setzten
wir Lichter und fuhren ruhig in die Einfahrt zwischen den
Kaps, bis wir vor uns die rot-weißen Topplichter des
Lotsendampfers ausmachten.

Wir stoppten und zeigten das übliche Blaufeuer,
worauf der Lotsendampfer sofort seinen Scheinwerfer
auf uns richtete und, da er keine Umrisse eines Dampfers
erkennen konnte, vorsichtig näher kam.

Er beleuchtete uns lange, und immer wieder tastete
der Lichtarm des Scheinwerfers über das niedrige Deck
und den Turm der „Deutschland".

Der unerwartete Anblick unseres Bootes schien den
braven Lotsenkapitän so verblüfft zu haben, daß es eine gute
Weile dauerte, bis aus dem Sprachrohr seine Frage kam:

„Where are you bound for?"

(Wohin sind Sie bestimmt?)

Auf unsere Antwort „Newport News" fragte er nach
dem Namen unseres Schiffes; wir nannten den Namen,
aber es brauchte eine zweimalige Wiederholung, bis
man drüben erfaßte, welch seltsamen Besuch man vor
sich hatte. Dann muß es auf dem Lotsendampfer eine
große Sensation gegeben haben.

Mit großer Schnelligkeit kam ein Boot auf uns zu, und als der Lotse über den runden Bauch der „Deutschland" auf unser Deck geklettert war, begrüßte er uns mit folgenden, aus tiefstem Herzen kommenden Worten:

„I'll be damned, there she is!"

(Verflucht noch mal, da ist das Boot!)

Dann schüttelte er uns immer wieder voll Treuherzigkeit die Hände und gab seiner ehrlichen Freude Ausdruck, der erste Amerikaner zu sein, der „U-Deutschland" im Lande der Freiheit begrüßte.

Ich fragte den Mann sogleich, ob ihm etwas bekanntgeworden sei, daß wir erwartet würden. Zu meiner freudigen Überraschung erfuhr ich dann, daß sich schon seit ein paar Tagen zwischen den Kaps ein Schlepper aufhalte, der wohl mit uns zu tun haben werde.

Wir fuhren nun mit unserem wackeren Lotsen sogleich los, um den angekündigten Schlepper zu suchen.

Inzwischen hatten auch die einfahrenden Passagierdampfer den seltsamen Ankömmling entdeckt und beleuchteten uns von allen Seiten mit ihren Scheinwerfern. So wurde unsere Ankunft in den amerikanischen Gewässern zu einem phantastischen Nokturno.

Das Suchen nach unserem Schlepper war aber gar nicht so leicht in der Dunkelheit; wir suchten lange herum, bis wir ihn endlich nach zwei Stunden gefunden hatten.

Es war der Schlepper „Timmins" unter der Führung des Kapitäns Hinsch vom Norddeutschen Lloyd.

Nun war die Freude groß.

Ganze zehn Tage hatte der wackere Kapitän Hinsch, dessen Dampfer „Neckar" seit Kriegsbeginn in Baltimore lag, zwischen den Kaps auf uns gewartet.

Unser langes Ausbleiben hatte Hinsch schon mit banger Sorge um unser Schicksal erfüllt.

Nun war er selig, seinen sehnlichst erwarteten Schützling heil vor sich zu sehen. Er übermittelte uns zunächst die Order, statt nach Newport News nach Baltimore zu gehen, wo alles schon für unsere Ankunft vorbereitet sei.

Wir gaben deshalb unseren biederen Newport-News-Lotsen wieder von Bord und fuhren, vom „Timmins" geleitet, die Chesapeake-Bai hinauf, nachdem wir stolz die deutsche Flagge geheißt hatten, die damit seit der Ankunft des „Eitel Friedrich" vor Hampton Road zum erstenmal wieder in diesen Gewässern flatterte.

So ging's im Morgengrauen in die Bai hinein. Unsere Fahrt wurde allmählich zu einem Triumphzug. Alle uns begegnenden neutralen Dampfer, amerikanische und andere, begrüßten uns mit dreimaligem Tuten von Dampfpfeifen und Sirenen. Nur ein englischer Dampfer fuhr in begreiflichem Schweigen an uns vorbei, während wir die schwarz-weiß-rote Flagge stolz im Winde flattern ließen. Dabei paßte Kapitän Hinsch mit seinem Schlepper höllisch auf, daß der Engländer nicht etwa ein wenig aus dem Ruder lief und uns aus Versehen rammte.

Auch sonst war der brave „Timmins" uns behilflich. Wir konnten die Begrüßungen der Dampfer nur mit unserer durch die kostbare Preßluft betriebenen Sirene beantworten. Das wäre allmählich ein teuerer Spaß geworden, und so übernahm es der „Timmins", mit seiner dicken Dampfpfeife für uns zu danken.

Je weiter wir die Bai hinaufkamen, desto toller wurde der Lärm; wir freuten uns von ganzem Herzen darüber, denn man fühlte daraus deutlich die Sympathien der Amerikaner für uns und unsere Fahrt.

Nachmittags gegen vier Uhr konnte der „Timmins" vorsichtig längsseit kommen; wir bekamen — einen Block Eis herübergereicht, rasch wurden ein paar Flaschen Sekt gekühlt, und stolz stießen wir auf die glückliche Ankunft der „Deutschland" in Amerika an, wobei wir nur bedauerten, daß unserem getreuen Hinsch nur die Pfropfen an Bord flogen.

Welchen Genuß das Eis und das erste kalte Getränk für uns bedeuteten, kann übrigens nur ermessen, wer sich vorstellen kann, was es heißt, tagelang in einer Temperatur von dreiundfünfzig Grad Celsius gelebt zu haben.

Das Gerücht von unserer Ankunft mußte sich ungeheuer rasch verbreitet haben, denn zu unserer nicht geringen Überraschung kamen uns stundenweit vor Baltimore Boote mit Reportern und Kinomenschen an Bord entgegen. Obgleich es schon zu dämmern anfing, wurden wir noch heftig aufs Korn genommen; vermutlich hätten wir auch noch unendlichen Fragen und Anrufen standhalten müssen, wenn uns nicht der Wettergott der Chesapeake-Bai, gastfreundlich auf unsere Ruhe bedacht, zu Hilfe gekommen wäre. Ein heftiges Gewitter brach los, statt der Flut von Fragen ergoß sich kühlende Regenflut über uns braungebrannte Seefahrer, und bald zog die „Deutschland", von ihrem getreuen „Timmins" begleitet, wieder einsam und schweigend durch den hereinbrechenden Abend ihrem Endziel zu.

Um elf Uhr nachts stoppten wir bei der Baltimore-Quarantänestation, und unser Anker rasselte zum erstenmal in amerikanischen Grund.

„U-Deutschland" war angekommen.

Baltimore

Unser erster Blick in der Frühe des nächsten Morgens fiel auf den braven dicken „Timmins", der längsseit von uns festgemacht hatte; da lag er, der Getreue, und bewachte uns.

Bald darauf, schon um fünf Uhr, kam der Arzt der Quarantänestation. Ich übergab ihm sogleich das Gesundheitsattest, das uns am dreizehnten Juni von Herrn William Thomas Fee, dem amerikanischen Konsul von Bremen, ordnungsgemäß ausgestellt worden war. Dann überholte der Arzt das Boot und gab uns frei, nachdem er die Leute gemustert hatte. Schließlich brachte er als erster Amerikaner drei Hurras aus auf die „Deutschland" und ihre Besatzung.

Dann ging's Anker auf, und wir fuhren unter der Führung vom „Timmins" nach unserem Lösch- und Liegeplatz bei Locust-Point.

Sicherer konnte kein Boot fahren als wir unter dem Schutze des „Timmins" und der vielen Fahrzeuge, die von den Filmgesellschaften gemietet waren und in einem Schwarm unsere „Deutschland" umgaben. Auf jedem

Boot standen fünf bis sechs Mann schußbereit mit ihren Apparaten und suchten uns durch ermunternde Zurufe in wirkungsvolle Posen zu dirigieren, wie es sich für Kinoaufnahmen geziemt:

„Show your face, Captain!"

(Lassen Sie Ihr Gesicht sehen, Kapitän!)

„Turn round your head!"

(Wenden Sie etwas den Kopf, bitte!)

„Wave your hand!"

(Winken Sie mit der Hand!)

und ähnliche Rufe mehr ertönten von allen Seiten, und dabei kurbelten die Kerls wie toll darauflos.

Ich stand auf dem Turm und schaute nach links, schaute nach rechts, winkte mit beiden Händen, und eine Aufforderung zum Lachen war nicht nötig, denn das Treiben der Filmleute war unsagbar belustigend.

So kamen wir in der fröhlichsten Stimmung an unserem Löschplatz bei Locust-Point an.

Hier hatte unser Kapitän Hinsch in wochenlanger Arbeit vorgesorgt. Die „Deutschland" fand einen so sicheren Platz vor, war durch Balken- und Netzsperren vor jeder fremden Annäherung so geschützt, daß ihr nach menschlichem Ermessen überhaupt nichts passieren konnte.

Wir lagen an einem in den Strom hinausgebauten

Holzpier, in Deckung eines großen Schuppens, in dem die für uns bestimmten Güter schon aufgestapelt waren. Die Gegend dort war so abseits gelegen, daß die Wegverbindung von dem Pier bis zur nächsten guten Straße erst hergestellt werden mußte.

Die ganze Anlage war nach der Landseite zu durch einen großen Graben und einen Stacheldrahtverhau gesperrt.

Im Strom selbst war die „Deutschland" auf der einen Seite durch den Pier und den N.-D.-L.-Dampfer „Neckar" geschützt, der seit Kriegsbeginn in Baltimore lag und uns nun als Wohnschiff diente. Man konnte von ihm immer gut unser Boot übersehen.

Auf der anderen Seite war, die „Deutschland" umgebend, ein ganzes System von großen Balken ausgelegt mit schweren Netzen, die bis zum Grund reichten, so daß es selbst einem Taucher nicht gelingen konnte, an das Boot heranzukommen. Außerdem lagen Tag und Nacht mehrere Wachboote klar, darunter der „Timmins", der während der Nacht mit seinem kleinen Scheinwerfer die ganze Gegend unermüdlich absuchte.

Dabei gab es ergötzliche kleine Zwischenfälle.

Damit nämlich die Entladungs- und Beladungsarbeiten an der „Deutschland" unbeobachtet vor sich gehen konnten, war außen um den Lagerschuppen noch ein hoher Palisadenzaun errichtet worden, der jede Aussicht auf Schiff und Ladeplatz unmöglich machte.

Die einzige Gelegenheit nun, einen Blick auf das Wunderboot, wenn auch aus ziemlicher Entfernung, tun zu können, bot eine im Strom verankerte Ramme, die alsbald von den Zeitungsreportern als Beobachtungsposten benutzt wurde. Hier nisteten sie sich ein, ließen uns nicht aus den Augen und gingen ganz regelrecht Wache. Tag und Nacht saßen immer zwei Mann oben auf dem schwankenden Rammgerüst, in aufopfernder Ausübung ihre Berufes.

Aber auch bei uns ist man auf dem Posten. Und nachts, bei dem Wachewechsel drüben auf der Ramme, macht sich der Scheinwerfergast des „Timmins" den Spaß, blitzt hinüber und leuchtet als höflicher Mann den Herren auf ihrem beschwerlichen Weg. Während sie vorsichtig vom Gerüst herunterklettern, werden sie einzeln abgeleuchtet, hübsch einer nach dem anderen, wie Spinnen mit der Taschenlampe, zwei in der Minute.

Im übrigen hatte unser wackerer Kapitän Hinsch einfach für alles gesorgt, vom Empfang und sicheren Geleit bis zu unserer Unterbringung und Verpflegung auf der „Neckar".

Über diesen Dampfer allein ging auch der Zugang für die wenigen Bevorzugten, denen gestattet wurde, die „Deutschland" wenigstens von außen zu sehen. Ein Besuch des Bootes war sonst strikt verboten. An sich hätten wir unser Wunderschiff ja gern jedermann gezeigt. Mit Rücksicht aber auf die Gefahr eines Attentats, die dem ersten deutschen Handels-Unterseeboot aus einem allgemeinen Besuch erwachsen konnte, durften wir von unserer prinzipiellen Weigerung nicht abgehen; und so mußten Hunderte von Amerikanern, die mit Automobilen, oft von weither, selbst aus dem Westen, gekommen waren, zu unserem eigenen Bedauern unverrichteter Dinge abziehen.

Nur die Filmgesellschaften kamen etwas auf ihre Rechnung. Ich erfüllte ihren Wunsch, die ganze Besatzung beim ersten Betreten amerikanischen Bodens verewigen zu lassen, und ließ mich draußen mit all meinen Leuten in einer stolzen Gruppe aufnehmen.

Meine erste Fahrt in die Stadt glich einem Triumphzuge. Überall mußte das Auto halten, von allen Seiten wurde ich beglückwünscht, und jeder wünschte mir die Hand zu drücken. Ich wurde die ersten Tage in Baltimore zu einer Art Verkehrshindernis.

So ging's langsam zur Agentur des N. D. L., die von Menschenmassen umlagert war.

Zunächst mußten die notwendigen Einklarierungsarbeiten gemacht werden.

Ich begab mich zu den Zollbehörden und machte die üblichen Besuche; überall wurde ich froh und herzlich begrüßt.

Dann ging's zur Agentur zurück, und nun widmete ich mich mit seemännischer Entschlossenheit der Presse. Ich stand in der Agentur hinter einer Schranke, hinter der Bar des Kajütbüros, vor der sich eine ungezählte Menge drängte. Ich war ganz allein und hielt Hunderten von Menschen stand, Männern und Frauen, von denen jedes etwas Besonderes wissen wollte, jedes mich etwas fragte, vom unbedeutendsten Persönlichen bis zur höchsten Politik.

Eine Dame rief: „Do, captain, tell me, what is it like in a submarine?"..., eine andere fragte voll Mitgefühls: „I say, is it true, that in Germany the babies are starving in want of milk?"..., während ein wohlgenährter Herr sein Interesse bekundete mit der Frage: „Say, captain, what did you live on?"...

Häufig wurde ich auch gefragt: „What do you know about the Emperors message, you brought over for Mr. Wilson?" Worauf ich ebensowenig Auskunft geben konnte wie auf die Frage: „When do you think to leave Baltimore again?"

Auf alle diese Fragen und noch hundert mehr sollte ich mit meiner armen Stimme allein antworten. Ich stand da wie ein Wellenbrecher, die Flut brandete um mich, stieg höher und höher, und mein geistiges Ich wurde verschlungen, um schon am nächsten Tage hübsch stückweise in der Presse eines ganzen Erdteils wieder aufzutauchen.

Mein Körper aber folgte ein wenig müde einer Einladung in den Deutschen Klub, wo wir in rein deutschem Kreise unsere Ankunft feierten und mit Stolz und Liebe des kämpfenden Vaterlandes daheim gedachten.

*

Die folgenden Tage sollten für uns zu einem fortwährenden Fest werden. Nur wer amerikanische Gastlichkeit und amerikanischen Enthusiasmus kennt, kann sich eine Vorstellung machen, wie herzlich wir überall aufgenommen wurden. Die Menschen waren einfach aus dem Häuschen; es tat einem im innersten Herzen wohl, zu sehen, mit welch aufrichtiger Sympathie alle Amerikaner unsere Fahrt und glückliche Ankunft empfanden und wie diese Sympathie in rückhaltloser Begeisterung zum Ausdruck gebracht wurde.

Wo wir hinkamen, wurden wir stürmisch begrüßt; man schüttelte uns die Hände, sang die Wacht am Rhein und überließ sich wilden, begeisterten Ovationen. Es regnete Einladungen für Offiziere und Mannschaften, Feste und Partien wurden für uns veranstaltet, und als einmal meine zwei Wachoffiziere mit einem Bekannten in einem

großen Gartenlokal erkannt wurden, brach die Konzert-
musik ab, ein Scheinwerfer wurde auf die Herren gerichtet,
und unter allgemeinem Jubel spielte die Kapelle die
Wacht am Rhein und die amerikanische Hymne.

Während so die private Bevölkerung aus allen Kreisen
uns ihre Sympathie für unsere Fahrt und für die „Deutschland" rückhaltlos zu erkennen gab, hatte auch die amerikanische Regierung offiziell Stellung zu der Frage genommen, ob unser Boot als reines Handelsschiff anzusehen sei
oder ob ihm, wie der nachdrückliche Protest des englischen
und des französischen Botschafters betonte, in seiner
Eigenschaft als U-Boot ohne weiteres Kriegsschiffcharakter
zukomme.

Am zwölften Juli kam aus Washington eine Regierungs-
kommission von drei amerikanischen Marineoffizieren, die
unsere „Deutschland" aufs genaueste zu inspizieren hatte.
Da keinerlei Bewaffnung oder auch nur Vorrichtungen
zur Anbringung einer solchen an Bord waren, konnten
wir den Herren ruhig alles zeigen.

Nach einer dreistündigen Untersuchung, die durch alle
Winkel und Räume führte und bei dem Herumkriechen
in dem glühend heißen Boot die Beteiligten manchen
Schweißtropfen kostete, bestätigte die Kommission den
reinen Handelsschiffcharakter von „U-Deutschland". Die
Herren hielten mit ihrer Bewunderung für die geniale

Konstruktion des ganzen Bootes nicht zurück und betonten vor allem den verblüffenden Eindruck, den der komplizierte Mechanismus aller Maschinerien auf sie gemacht hatte.

Zu Ehren der ganzen Besatzung veranstalteten die zahlreichen Deutsch-Amerikaner Baltimores ein deutsches Fest zum Besten des Roten Kreuzes. Es wurde im „Cannstätter Park", einem großen Volkspark bei Baltimore, gefeiert, mit Schießbuden, Würstelbuden, offener Bühne, Tanzboden und sonstigen Belustigungen im Freien. Ich muß sagen, unsere Leute bewährten sich hierbei auch auf dem festen Lande. Sie ließen sich wacker hofieren und waren nicht blöde. Als es zum Tanzen kam, stellten sie ordentlich ihren Mann, und ein paar fixe Kerls tanzten mit den Damen des Festgebers, als wären sie das immer so gewohnt gewesen.

Das Ganze war für uns sagenhafte Seefahrer eine einzige Ovation voll überströmender Herzlichkeit. Hunderte umringten uns, ließen uns immer wieder hochleben und wollten mit jedem von uns gesprochen haben.

Besonders auf mich hatten sie es dabei abgesehen; ich sollte einfach allen Festteilnehmern die Hände drücken; darauf konzentrierte sich schließlich das allgemeine Verlangen.

Das Problem war nicht ganz leicht zu lösen. Mit nicht

geringer Verlegenheit blickte ich um mich und sah auf die ungezählten Hände, die sich mir entgegenstreckten, auf die Menge freudig erregter Menschen, die sich rund um mich schob und drängte.

Endlich wurde folgender Ausweg gefunden: ich wurde in ein Komiteeautomobil gepackt, und die Menge wurde durch Festordner in Gestalt von Polizisten an mir vorbeigeleitet, so daß ich jedem im Vorbeigehen einen Händedruck geben konnte. Diese Prozession dauerte über anderthalb Stunden, während deren ich unausgesetzt Händedrücke verteilte. Ich wundere mich noch heute, daß ich meine beiden Hände heil an den Armen behalten habe.

Am zwanzigsten Juli erhielt „U-Deutschland" den Besuch des deutschen Botschafters Grafen Bernstorff, der mit einigen Herren vom Sommersitz der Botschaft nach Baltimore gekommen war. Stolz zeigten wir unser treues Boot, dessen Besichtigung im Treiben der schon vor sich gehenden Beladung und bei der furchtbaren Hitze kein reines Vergnügen war.

Am Abend desselben Tages fand dann beim Bürgermeister von Baltimore zu Ehren der Anwesenheit des deutschen Botschafters ein offizielles Diner statt, dem mittags ein Essen im kleinen Kreise im Germania Club House vorangegangen war. Das Fest beim Bürgermeister, einem äußerst liebenswürdigen Herrn, trug einen ausschließlich politischen Charakter und war nur von Politikern und offiziellen Persönlichkeiten besucht. Es gab eine lange Reihe von ausgezeichneten Gängen und ebensolchen Getränken, und nach amerikanischer Sitte wurden am Schluß mit dem Erscheinen der unendlichen Drinks eine Anzahl Speeches gehalten, in denen die Ankunft der „Deutschland" in Amerika und die Bedeutung dieses Ereignisses für die Stadt Baltimore und für die deutsch-amerikanische Freundschaft gefeiert wurde.

Dann erschien im Garten die Stadtkapelle und intonierte die Wacht am Rhein und die amerikanische Hymne, während die deutsche Flagge mit der amerikanischen gekreuzt entfaltet wurde.

Das war ein hübsches Verständigungs- und Freundschaftssymbol für die beiden Völker, deren beider Interessen in der Freiheit der Meere liegen.

*

Während all diese Festlichkeiten vor sich gingen und unsere Abende fast ständig in Anspruch nahmen, war die Entladung unseres Bootes schon beendet worden, und die Beladung hatte begonnen.

Es ist dies ein ganz besonderes Kapitel.

Die Herren P. H. L. und H. G. Hilken, die Vertreter

des N. D. L. in Baltimore, hatten dabei das menschenmöglichste getan, um diesen recht delikaten Teil unserer Aufgabe zu erleichtern und zu sichern.

Sie hatten nicht nur in aller Stille die nötigen Erwerbungen der Güter unserer Rückfracht gemacht, hatten die Waren schon verladungsbereit in dem Schuppen auffahren lassen — es war ein recht ansehnlicher Stapel, bei dessen Anblick sich wohl mancher zweifelnd fragte, wie diese Menge in einem U=Boot Platz haben sollte —, sie hatten uns auch das nötige und besonders geartete Lade= und Stauerpersonal besorgt.

Sämtliche Arbeiten am Boot und auf dem Löschplatz wurden nämlich von Negern gemacht, bei denen auf eine möglichst geringe Ausbildung jeglicher Beobachtungsgabe und sonstiger geistiger Fähigkeiten gesehen wurde. Außerdem wurden die Neger vor Beginn der Arbeit jedesmal genau untersucht, wobei sie sich vollständig ausziehen mußten, damit das Boot vor allen Attentaten geschützt war.

Die Entlöschung vollzog sich ohne weitere Schwierigkeiten.

Für den, der das Löschen der großen Dampfer gewohnt war, bot sich allerdings ein eigenartiges Bild. Während sonst große Ladebäume, Dampfwinden und hydraulische Kräne unter Gepolter, Stoßen und Zischen aus dem dunklen Schiffsbauch langsam die schweren Stückgüter heraufholen, Arbeiter und Aufseher mit fremdartigem Geschrei an riesigen gähnenden Luken stehen, waren hier zwei kleine hölzerne Ladebäume an den gewöhnlichen U-Boots-Luken aufgerichtet und taten mit ihren zierlichen elektrischen Winden schnelle Arbeit. In kleinen Säcken und Kisten kam es ans Tageslicht gesaust, lautlos und flink, fast wie auf dem Puppentheater. Eine solche Löschung im U-Boot-Stil hat wirklich etwas Miniaturhaftes.

Um so mehr mußte man staunen, wenn man dann am Kai liegen sah, was alles aus dem unscheinbaren grauen Walfischrücken durch die engen Luken heraufgeholt worden war.

Schwieriger war die Beladung; für die mußte vorher eine genaue Berechnung durch unseren Fachmann und „U-Boot-Beladungsspezialisten", Schiffsbauingenieur Prusse von der Germaniawerft, vorgenommen werden. Denn jedes Kilogramm der doch verschieden schweren und verschiedenen Rauminhalt einnehmenden Ladung mußte an seinem genau berechneten Platz sorgfältig verstaut werden, um den Trimm des ganzen Fahrzeugs nicht ungünstig zu beeinflussen.

Eine genaue Verstauung war auch insofern sehr wichtig, als der ganze Laderaum doch immerhin beschränkt war und jede Kiste, jeder Sack und so weiter fest an ihrem Platz liegen mußten. Sonst mochte es bei Sturm, bei plötzlichem Schnelltauchen mit starker Neigung oder anderen Zufällen die unangenehmsten Überraschungen geben, die unser sicheres Manövrieren in Frage stellen konnten.

Eine solche Beladung ist darum recht zeitraubend. Die ganze Fracht, Säcke und Kisten, mußte nämlich durch die engen Luken von Hand durch Neger gemannt werden. Die Güter gingen vorher noch Stück für Stück einzeln über eine Waage, der Wiegemeister notierte und rief die Gewichtszahlen aus, die dann in besonderen Tabellen eingetragen wurden.

Diesen Tabellen entspricht ein eigener theoretischer Plan, nach dem die ganze Verstauung genau ausgeführt wird, und die Richtigkeit dieses Planes wurde dann durch einen Tauch- und Trimmversuch nachgeprüft, für den wir am Liegeplatz gerade genug Wassertiefe hatten.

Zu diesem Zweck stehen alle Leute wieder an ihren Tauchstationen, die Tauchtanks werden langsam geöffnet und so viel Wasser in das Boot geflutet, daß es Schwimmlage hat, während das Turmluk noch eben über Wasser ist.

In dieser Lage wird der Bootskörper durch verschiedenes Belasten der beiden Trimmtanks zum Pendeln gebracht, aus dem man erkennen kann, ob die Gewichte

im Boot richtig verteilt sind. Erscheinen noch Gewichts-
verschiebungen nötig, so gilt es, die Ladung dement-
sprechend umzustauen. Ein letzter Tauch- und Trimmversuch muß dann ergeben, daß die Belastung des ganzen
Bootes in allen Einzelheiten stimmt.

 Seine zweitausend Tonnen sind in dem schwankenden
und entgleitenden Element in eine genaue Gleichgewichts-
lage gebracht.

Die Abfahrt von Baltimore

Ueber die Schilderung unserer Rückfahrt möchte ich als Motto setzen, was die Londoner „Morning Post" vom 18. Juli über die Stellungnahme der englischen Regierung zu „U-Deutschland" geschrieben hatte:

„Die ‚Deutschland' ist infolge ihrer U-Boot-Eigenschaften als Kriegsschiff anzusehen und ist als solches zu behandeln. Die Kriegsschiffe der Alliierten werden daher jede Gelegenheit wahrnehmen, um das Boot außerhalb der amerikanischen Hoheitsgrenze zu stellen, und werden es ohne Warnung versenken."

So lautete eine Kabelmeldung, die am 19. Juli von London nach Amerika kam, so lasen wir es auch in einer Nummer der „Morning Post" selbst, die wir Ende Juli zugeschickt bekamen.

Das hatte jedenfalls das Gute, daß wir wenigstens genau wußten, wie wir dran waren.

Niemals hat sich der englische Standpunkt in seiner ganzen Engherzigkeit deutlicher gezeigt.

Wir hatten keine Torpedorohre, keine Kanonen an Bord, wir hatten nicht die geringste Möglichkeit, anzugreifen; wir hatten nicht einmal Waffen, uns zu verteidigen, was doch jedem englischen Handelsschiff erlaubt ist; der mächtigste neutrale Staat hatte außerdem die „Deutschland" nachdrücklich als reines Handelsschiff anerkannt, und doch sollten wir ohne Warnung versenkt werden!

Wir wußten also, was uns bevorstand.

Es war auch schon bekannt geworden, daß sich acht feindliche Kriegsschiffe mit Suchbooten und Netzen vor der Chesapeake-Bai versammelt hatten, um uns beim Verlassen der amerikanischen Hoheitsgrenze abzufangen und wie einen blinden Fisch mit Minen zu zerschmettern.

Vorsicht war also geboten, und es galt, sich mit U-Boot-Schläue hindurchzuschlängeln.

Wir wußten aber auch, wie wir es schon einmal fertiggebracht hatten, die englisch-französischen Anstrengungen zum besten zu haben. Eine glatte Spazierfahrt war der Durchbruch durch die englische Blockade von Europa her auch nicht gewesen. Nichts hat uns einen größeren Spaß gemacht als die Kenntnis von der schönen Erklärung, die der Kapitän Gaunt vom britischen Generalkonsulat in New York losgelassen hatte, als das erste Gerücht von der Fahrt eines deutschen U-Bootes nach Amerika dort auftauchte. Er beruhigte das englische Publikum mit den Worten: „Es ist unmöglich, ein U-Boot nach Amerika zu senden. Werden es die Deutschen doch tun, dann werden wir es abfangen. Ein großes Unterseeboot läßt im Wasser eine Spur von Öl und Maschinenschmiere hinter sich. Diese Spur können unsere schnellen Kreuzer verfolgen und dann das U-Boot todsicher abfangen."

Kapitän Gaunt war der Sachverständige für Schifffahrtsangelegenheiten am Konsulat und mußte es wissen.

Wir hatten also nur dafür zu sorgen, daß das „Abfangen" auch das zweitemal so „todsicher" vor sich ging.

So war denn der erste August herangekommen, überall hatten wir herzlichen Abschied genommen, alle Formalitäten mit den Behörden und so weiter waren erledigt, und wir konnten in See stechen, zum Rendezvous mit den Herrschaften vor der Bai.

Unsere Abfahrt verzögerte sich, weil wir erst auf Hochwasser warten mußten, um aus dem Patapsco-River, an dem Baltimore liegt, über die vorliegende Schlammbank in die Chesapeake-Bai hinauszukommen. Das Wasser stieg an dem Tage sehr langsam, da Nordwind wehte und den Strom in der langen Bucht nicht recht bis Baltimore heraufkommen lassen wollte.

Wir warteten mit Spannung auf das Steigen des Wassers, und endlich war nachmittags fünf Uhr zwanzig der Moment gekommen. Die Leinen wurden losgeworfen, langsam öffneten sich die einschließenden Wachtschiffe, und majestätisch schob sich die „Deutschland" von dem Pier ab in das Fahrwasser. Schlepper „Timmins" fuhr neben uns her wie ein treuer Schäferhund und ließ die vielen kleinen und größeren Boote voll Reportern und Kinoleuten nur knurrend in unsere Nähe.

Es war nichts zu befürchten; das Boot der Hafenpolizei von Baltimore war uns liebenswürdigerweise mitgegeben worden, und der Zollkutter von Maryland hatte Weisung erhalten, uns bis an die Grenze seines Gebiets zu begleiten.

Hunderte von Menschen standen an den Ufern des Patapsco-River, winkten und begrüßten unsere Abfahrt mit endlosen Hurrarufen, im Hafen heulten alle Schlepper mit Sirenen und Pfeifen, die Dampfer dippten die Flagge und tuteten — es war ein heilloser Lärm. Wir aber wußten, während wir wieder hinausfuhren, daß im ganzen großen Amerika ungezählte Herzen uns mit ihren Segenswünschen begleiteten und angstvoll auf den Augenblick warteten, der die Gewißheit unseres glücklichen Durchbruchs brachte.

Sobald wir nun in das freie Fahrwasser gekommen waren und die Maschinen auf volle Fahrt gingen, blieben unsere Begleiter allmählich zurück; selbst „Timmins" hatte gerade genug zu tun, um mitzukommen. Wir sahen mit Vergnügen, wie wenig schnell all die amerikanischen Boote liefen; das Hurrarufen wurde immer schwächer, die Boote wurden immer weniger, und schließlich war nur noch der Zollkutter da. Als gegen sieben Uhr auch der verschwand, wären wir mit „Timmins" allein gewesen, wenn wir nicht noch einen unheimlichen Begleiter gehabt hätten, der sich nicht so leicht abschütteln ließ.

Es war ein flinkes graues Boot, mit spitzer Schnauze und flachem, kurzem Heck, ein ausgewachsenes regelrechtes Rennboot, von dem das Gerücht ging, daß es achtzig Pferdekräfte im Leib habe und seine zweiundzwanzig Meilen laufen könnte. Es sollte schon seit zehn Tagen von einem Herrn gemietet worden sein, der dafür die runde Summe von zweihundert Dollar pro Tag zahlte, woraus zu ersehen ist, wie hoch der Herr die Möglichkeit einschätzte, sein rein sportliches Interesse durch ein „Match" seines Renners mit der „Deutschland" zu bekunden.

Im Bewußtsein seiner überlegenen Schnelligkeit tänzelte das hübsche Boot um uns herum und fuhr bewunderungswürdige Kreise und Volten; es machte Kapriolen, umschwirrte uns wie eine Brummfliege und war von einer beängstigenden Munterkeit. Der brave „Timmins" mochte noch so drohend mit seiner Dampfpfeife brummen und zornige Rauchwolken ausstoßen; der achtzigpferdige Brummer blieb da und ließ sich nicht vertreiben.

Das ging so bis in den sinkenden Abend hinein.

Da erhob sich gegen acht Uhr eine kleine Brise, und es dauerte nicht lange, dann kam ein leichter Seegang auf, ein lustiger Seegang, der fröhlich an den Bug der „Deutschland" klatschte.

Unser Brummer hatte inzwischen ordnungsgemäß seine Lichter gesetzt, und er klatschte auch, aber er lief nicht mehr um uns herum, sondern plätscherte bald nur mehr in unserem Kielwasser. Es sah hübsch aus, wie hinter uns seine farbigen Lichter tanzten, manchmal in beleuchtetem Schaum und Spritzern verschwanden und wiederkamen, aber immer ferner.

Um zehn Uhr stand schon ein niedlicher Seegang; die Lichtlein sackten immer mehr achteraus, und als der nächste Morgen graute, da war die See leer; der Brummer war wohl heimgeflogen.

Dafür tauchten aber bald rechts voraus in der Dämmerung eine Menge Fischdampfer auf, so daß wir schon fürchteten, hier auf neutralem Gewässer in eine regelrechte Falle zu laufen.

Hurrarufen und Winken von den Fahrzeugen belehrte uns bald eines Besseren; es war eine Gesellschaft von amerikanischen Pressevertretern, die zusammen mit einer Anzahl von Bewunderern und Freunden der „Deutschland" eine Nachtfahrt nicht gescheut hatten, um einige fünfzig Meilen von Baltimore entfernt unſerem Boot ihren letzten Gruß zu entbieten.

Ein Dampfer nach dem anderen glitt vorbei, und morgens ſechs Uhr ſchon waren wir in ſo freiem Waſſer, daß wir unſere erſten Tauchverſuche machen konnten. Ich wollte Boot und Leute nach dem langen Landleben wieder einmal feſt in die Hand bekommen; es war nur wegen des „todſicheren" Abfangens.

So machten wir alſo unſere erſten Verſuche, und es ging alles tadellos. Der „Timmins" blieb in der Nähe, und Kapitän Hinſch ſagte mir ſpäter, daß es ein verblüffender Anblick geweſen ſei, als die „Deutſchland" ſo lautlos wegſank und ſich nach ein paar Minuten wieder mit ſchäumender Bugwelle ſekundenſchnell aus dem Waſſer ſchob.

Das Tauchen klappte alſo. Um nun zu ſehen, ob ſonſt alles dicht und in Ordnung wäre, gab ich dann den Befehl, das Boot auf Grund zu legen an einer Stelle, für die ich auf der Karte eine Tiefe von etwa dreißig Meter abgeleſen hatte.

Wieder wurde es ſtill, das Tageslicht verſchwand, das bekannte Singen und Sieden der Tauchventile umſchwirrte uns, ich leſe in meinem Turm auf dem Manometer zwanzig, fünfundzwanzig Meter ab, der Untertrieb wird vermindert, dreißig Meter erſcheinen, und ich erwarte das leichte Bumsen, mit dem das Boot auf dem Grund ankommen soll...

Nichts dergleichen erfolgt.

Statt dessen geht der Zeiger vor seiner Scheibe auf zweiunddreißig, dreiunddreißig, fünfunddreißig Meter...

Ich klopfe mit dem Finger an das Glas — es stimmt, eben geht der Zeiger auf sechsunddreißig.

„Alle Wetter, was ist denn los?" denke ich und nehme die Karte.

Jawohl, da stehen dreißig Meter Tiefe, und wir hatten oben doch noch genaue Peilung...

Dabei sinken wir ruhig weiter...

Vierzig Meter erscheint auf dem Zifferblatt.

Das wird mir zu dumm. Ich rufe in die Zentrale, frage an und bekomme nur die tröstliche Antwort, daß auch auf dem großen Tiefenmanometer eben vierzig Meter überschritten wurden.

Unsere Manometer stimmten.

Das hinderte aber das Boot nicht, ruhig weiter zu sinken.

In der Zentrale sahen sich die Leute an...

Es ist doch ein zu dummes Bewußtsein, in der verwünschten singenden Stille ins Unbekannte zu rutschen und davon nichts zu sehen, außer dem ewigen Abwärtsklettern des niederträchtigen Zeigers vor dem weißen Blatt...

In meinem Turm ist's nicht anders; ich blicke ziemlich ratlos zwischen der Karte und dem Manometer hin und her.

Inzwischen sinkt das Boot weiter, fünfundvierzig Meter sind überschritten... Der Zeiger geht auf achtundvierzig Meter... Ich denke gerade, irgendwo muß doch auch die Tiefe der Chesapeake-Bai ein Ende haben, ins Grundlose kann's doch hier nicht gehen — da macht das Boot auf fünfzig Meter Tiefe ohne jeden Anprall halt.

Ich klettere in die Zentrale und berate mich mit Klees und den beiden Wachoffizieren.

Es kann nicht anders sein, wir müssen in einem Loch stecken, das auf der Karte nicht vorgezeichnet ist.

Nun, das war am Ende nicht schlimm. Ob wir aus dreißig oder fünfzig Meter aufstiegen, blieb sich schließlich gleich.

Eben will ich den Befehl zum Auftauchen geben, da fällt mein Blick auf den Kreiselkompaß, der mit seiner leise zuckenden schwarz-weißen Scheibe sonst immer so tröstlich in seinem von innen beleuchteten Gehäuse hängt.

Ich pralle zurück.

Zum Donnerwetter, was ist das? — Die Kompaßscheibe ist verrückt geworden und dreht sich in zuckenden Stößen wie irrsinnig unaufhörlich um sich selbst.

Jetzt fängt die Geschichte an, ungemütlich zu werden.

Da unsere Kreiselkompasse ungefähr das Zuverlässigste sind, was es auf der ganzen Welt gibt, und da in der Chesapeake-Bai in fünfzig Meter Tiefe die Erde nicht um uns rotieren kann, so bleibt nur ein Schluß übrig, allerdings ein verwünscht unangenehmer Schluß: wir drehen uns da in unserem Loch ganz gemütlich im Kreise, der Teufel mag wissen, aus welchem Grunde.

Ich lasse sofort die Lenzpumpen anstellen mit dem Erfolg, daß sie wohl zu schnurren anfangen, aber mit einem viel helleren, sozusagen leeren Geräusch — sie fördern nicht, wir bleiben im Dreck stecken, wir sind so weit wie vorher.

Das fehlte auch noch, und ich muß sagen, recht zuversichtlich war uns allen nicht mehr zumut.

Inzwischen waren wir nach dem Manometer noch etwas tiefer gesunken, dagegen hörte das Drehen jetzt auf, wir lagen nun vollständig ruhig.

Ich gebe erneut den energischen Befehl, sofort aufzutauchen.

Die Pumpen schnurren wieder— und laufen wieder leer.

Das hat also keinen Zweck.

Es mußte mit ruhiger Überlegung vorgegangen werden, sonst lagen wir morgen noch an der Stelle.

Nach langem Hinundherarbeiten gelang es denn auch

dem Ingenieur Klees, die Pumpen zum Arbeiten zu bringen.

Mit tiefem Brummen fingen sie an, das Wasser aus den Tanks zu drücken — sie förderten. Wie gebannt hingen unsere Blicke an dem Manometerzeiger — Hurra, wir kommen frei, wir steigen, der Zeiger geht auf neunundvierzig Meter! Da glaubte ich, meinen Augen nicht trauen zu dürfen — alle Teufel, was war das wieder? Das Manometer zeigte plötzlich zwanzig Meter — dann ging es wieder auf neunundvierzig Meter zurück — sprang von neuem auf zwanzig Meter — und so fort.

Jetzt fing die Sache doch an, kritisch zu werden. Wir sahen uns an und waren mit unserer Weisheit zu Ende; wir wußten nicht mehr, was mit dem Boot und uns allen los war, wir wußten nicht einmal mehr, auf welcher Tiefe wir waren. Jetzt waren auch die Manometer wahnsinnig geworden.

Um zu verstehen, was das heißt, muß man sich vorstellen, daß man im getauchten Boot nichts weiß, nichts sieht, keinen anderen Anhaltspunkt hat als den Zeiger des Tiefenmanometers. Hört der auf, richtig zu funktionieren, dann tappt man völlig im Ungewissen.

Unsere Situation war doch recht bedenklich geworden; trotzdem herrschte eiserne Ruhe im Boot. Wir hatten das Bewußtsein, im äußersten Notfall noch immer die Preßluft zu haben, die uns unbedingt in die Höhe werfen mußte, wenn es mit den Pumpen nicht ging.

Es sollte aber gar nicht so weit kommen. Klees hatte sich einen Augenblick bedacht. Dann ein Griff an einem Ventil, ein sausendes Geräusch von Preßluft, das Manometer schlägt wie wild auf einhundertundzwanzig Meter aus, springt dann zurück auf neunundvierzig Meter — und der Schlammpfropfen, der die Öffnung des Tiefenmanometers verstopft hatte, war durch ein wenig Preßluft im Augenblick entfernt.

Auch die Ausgußrohre der Pumpen wurden nun durch Preßluft von allem Schlamm gereinigt, der bei unserem irrsinnigen Drehen eingedrungen war; dann surrten die Lenzpumpen wieder im alten Ton, und gehorsam stieg die „Deutschland" an die Oberfläche empor.

Wir waren aber doch anderthalb Stunden unten gewesen. Kapitän Hinsch kam mit seinem „Timmins" recht erleichtert längsseit, er hatte sich unser langes Tauchen nicht erklären können und war schon in schwerer Sorge um uns gewesen. Wir müssen in eine Art Grube geraten sein, wo der Sand „mahlte" und wo wir uns durch die Kreisbewegung allmählich in den Schlamm und Mud einwühlten. Ich postierte nunmehr den „Timmins" zwei Meilen von uns weg zur Beobachtung eines letzten wichtigen Tauchversuchs.

Amerikanische Karikatur auf den gelungenen Durchbruch durch die englische Sperre

Auf hoher See

Wir wollten nämlich ohne Fahrt so auftauchen, daß wir mit dem Sehrohr über das Wasser kamen, was nicht ohne weiteres zu gelingen braucht. Fährt man sich dynamisch mit den Tiefenrudern in die Höhe, so kann man natürlich viel leichter auf eine gewisse Lage einsteuern; dabei ziehen aber die Sehrohre eine kleine spritzende Schaumspur durch die See, was unter Umständen verräterisch sein kann.

Wir machten daher den Versuch, uns von einer größeren Tiefe gewissermaßen hoch zu pendeln und durch Lenzen und erneutes Füllen der Tanks auf der Stelle in eine Schwimmlage einzuspielen, in der nur unsere Sehrohre gerade über das Wasser herauskamen, und zwar in vertikaler Richtung.

Der Versuch glückte; es gelang uns, unsere Sehrohrfühler auszustrecken, ohne daß der „Timmins", der doch ungefähr wußte, wo wir waren, etwas von uns bemerkt hatte, bevor unser Turm aus dem Wasser kam.

Ich hatte jetzt die Gewißheit, daß wir auf alle Möglichkeiten vorbereitet waren und ohne Scheu den Durchbruch wagen konnten. Wir fuhren also mit „Timmins" ruhig weiter und regelten unseren Kurs so, daß wir nach Einbruch der Dunkelheit vor der Ausfahrt durch die Kaps anlangten.

Der Durchbruch

Die Nacht war da, als wir uns der gefährlichen Gegend näherten. Vor uns funkelte das feste Feuer von Kap Henry, während an Backbord Kap Charles in kurzen Intervallen seine Blitze in der Dunkelheit aufleuchten ließ; in dieser Peilung fuhren wir ruhig der Entscheidung entgegen.

Da blitzten an Steuerbord zwei Scheinwerfer über dem Wasser auf. Die vermaledeiten Strahlen liefen rasend rasch suchend über die dunklen Fluten — ich zählte mechanisch ein paar Sekunden —, dann stach uns das Zentrum des Lichtes grell in die Augen.

Schon war es zum Tauchen zu spät, und fest haftete der verräterische Schein auf der „Deutschland".

Wir zwei Männer auf dem Turm blickten uns einen Augenblick an; in der schönen Gratisbeleuchtung konnten wir unsere Mienen deutlich erkennen.

Dann sahen wir, wie die Scheinwerferstrahlen, nachdem sie uns mit Sicherheit festgestellt hatten, zweimal steil in die Höhe gingen und plötzlich wieder erloschen. Als wir unsere Augen wieder an die Dunkelheit gewöhnt hatten, entdeckten wir an Steuerbord zwei schwarze Fahrzeuge, die wie Fischdampfer aussahen.

„Verfluchte Bande", murmelte Krapohl neben mir, „jetzt haben sie uns verraten!"

Und leider sollte er recht behalten.

Denn steil stieg drüben am Land ein riesiger Scheinwerferkegel in die Höhe, offenbar als Zeichen für die draußen wartenden englischen Kreuzer.

Ich dachte mir: jetzt gilt es.

„Klar zum Tauchen!" kam mein Kommando.

„Auf achtzehn Meter gehen!" — zugleich nahmen wir Kurs nach Süden.

Nach einer halben Stunde tauchten wir wieder auf, da ich mich noch einmal genau orientieren wollte; kaum aber hatte ich einen Augenblick Umschau gehalten, da mußten wir uns durch Schnelltauchen einer drohenden Gefahr entziehen. Denn knapp zweihundert Meter querab kam der wachhabende amerikanische Panzerkreuzer angebraust.

Auch er hatte die auffälligen Lichtsignale gesehen und kam nun heran, um die Vorgänge an der amerikanischen Hoheitsgrenze zu überwachen. Obgleich den Zeitungsnachrichten zufolge der Panzerkreuzer mit Flugzeugen zu militärischen Übungen in die Chesapeake-Bai befohlen sein sollte, neige ich der Ansicht zu, daß die amerikanische Regierung das Schiff an die Dreimeilengrenze beordert hatte, um zu beobachten, was sich bei unserem Auslaufen abspielen würde. Ich persönlich bin auch der festen Überzeugung, daß bei dem vorzüglichen Geist, der im Offizierkorps und bei den Mannschaften der amerikanischen Marine herrscht, die Besatzung des Panzerkreuzers bei einer Verletzung der Hoheitsgrenze sich nicht nur auf bloße Beobachtung beschränkt hätte, sondern energisch eingeschritten wäre.

Daß eine solche Verletzung nicht außer aller Möglichkeit lag und in jener denkwürdigen Nacht vielleicht nur durch das entschlossene Herankommen des amerikanischen Panzerkreuzers verhindert wurde, gewinnt noch an Wahrscheinlichkeit durch den folgenden Umstand: Einige Tage vor unserer Ausfahrt hatte ein englischer Kreuzer bei Nacht und Nebel Kap Henry passiert, die ganze Chesapeake-Bai in unverschämter Weise abgesucht und war dann, ohne sich zu erkennen zu geben, wieder davongefahren.

Inzwischen hatten wir unser Boot rasch mit großer Vorlastigkeit in die Tiefe gezwungen und tauchten erst wieder auf, als das Schraubengeräusch des Amerikaners in der Ferne entschwunden war.

Wir wußten, jetzt kam der gefährlichste Moment unserer ganzen Fahrt. Wir orientierten uns noch einmal genau und trafen alle die Vorbereitungen, die für unseren Durchbruch nötig waren.

Dann tauchten wir und gingen heran, alle Sinne bis aufs äußerste angespannt, die Nerven bis zum Platzen voll von jener kalten Erregung, die einem innerlich gewissermaßen die Haare in die Höhe treibt, während man äußerlich ganz ruhig ist, beherrscht von jener eisigen klaren Überlegung, die über den kommen kann, der mit vollem Bewußtsein einer unbekannten Gefahr zu Leibe geht...

Wir kannten unseren Weg. Wir hatten schon vorher in Erfahrung gebracht, daß Fischerleute gewonnen waren, außerhalb der Dreimeilengrenze an bestimmten Stellen Netze auszulegen, Netze, in denen wir uns verstricken sollten, Netze, in die wohl auch teuflische Minen geflochten waren...

Vielleicht aber trugen die Netze auch nur Bojen, die wir dann hinter uns drein ziehen sollten, um so unseren Standort zu verraten...

Wir hatten auf alle Fälle wieder alles klargemacht, um uns im äußersten Notfall von den Netzen zu befreien. Aber es ging alles gut.

Es war eine dunkle Nacht. Ruhig und friedlich leuchteten an Land die Feuer der beiden Kaps, indes ein paar Meilen weiter draußen der Tod in jeder nur denkbaren Form lauerte.

Aber während die englischen Schiffe auf und ab fuhren, die Scheinwerfer aufs Wasser zucken ließen und an allen möglichen Stellen suchten und wieder suchten, ahnten sie wohl nicht, daß zeitweise fast dicht in ihrem Schatten ein Sehrohr leise seine Bahn zog und unter diesem Sehrohr — „U-Deutschland".

Nachts zwölf Uhr kam dann nach Stunden voll unbeschreiblicher Spannung das Kommando: „Auftauchen!"

Wir waren durch.

Langsam stieg die „Deutschland" empor, die Tanks wurden ausgeblasen und die Ölmaschinen angestellt. Mit äußerster Kraft brausten wir nun hinein in den freien Atlantik, während hinter uns im Nordwesten die Engländer noch immer mit ganzen Bündeln von Scheinwerfern das Wasser absuchten; sie mußten schließlich wohl nervös geworden sein.

Die Heimfahrt

So schnell hatte die „Deutschland" noch nie gelaufen wie in jenen frühen Morgenstunden des 3. August; in wunderbarer Fahrt brauste sie dahin, zwei breite Schaumstreifen neben sich aufwerfend. Die Maschinen rumorten im schönsten Takt, die Verbrennung funktionierte tadellos, und am Auspufftopf zeigte sich nicht das kleinste Wölkchen, so daß selbst Herr Kißling tief befriedigt war und in einer Anwandlung unbewußter Zärtlichkeit beinahe das Gestänge seiner geliebten Motoren gestreichelt hätte ...

Als die Sonne aufging, war die Küste längst im fernen, grauen Nebel entschwunden und nirgends ein Fahrzeug zu sehen. Wir blieben aufgetaucht und liefen wie der bare Teufel weiter. Was haben wir unseren Maschinen auch nicht alles zu verdanken! Als wir in Baltimore nach der langen und schweren Überfahrt angekommen waren, befanden sie sich noch in bestem Zustand; keinerlei Reparaturen waren nötig, und wir hätten ohne Überholung sofort die Rückreise antreten können. Dabei hatten die Maschinen nicht selten unter ganz ungewöhnlichen

Bedingungen zu arbeiten, unter Bedingungen, die, wie die fürchterlichen Temperaturen im Golfstrom, eine außerordentliche, kaum vorauszusehende Beanspruchung für das ganze Material mit sich brachten. Man kann ruhig sagen, daß man bisher noch keine Gelegenheit gehabt hatte, Ölmotoren für das Arbeiten bei einer Außentemperatur von dreiundfünfzig Grad Celsius zu erproben. Derartiges konnte bei der Herstellung unseres Typs auch gar nicht vorgesehen sein, und daß unsere Motoren dabei niemals streikten, daß nicht die geringste Panne vorkam, ist ein Zeichen für die ausgezeichnete Konstruktion und die vorzügliche Arbeit der Werft.

So fuhren wir dahin, und nur zu bald umgab uns wieder die feuchtschwüle Atmosphäre und trübe Luft des Golfstroms. Mit allen seinen schönen Eigenschaften und Nebenerscheinungen war er wieder da, mit Feuchtigkeit und elektrisch geladener Luft, mit aufgeregter See, geschlossenen Luken und Hitze im Boot. Und nicht einmal schieben wollte er uns, wie wir doch gehofft hatten.

Alle Beschwer aber wurde diesmal guten Mutes ertragen; die „dicke Luft" hatten wir hinter uns, und es ging der Heimat zu. Auch nahm der Seegang wieder ab, je mehr wir uns der Grenze des Golfstromes näherten.

Am Abend des zweiten Tages war es schon wieder möglich, auch an Deck alle Luken zu öffnen. Kaum aber hatten wir angefangen, uns zu freuen, daß durch die frische Luft nun auch der Aufenthalt unter Deck erträglich werden sollte, da hieß es plötzlich: „Luken dicht!" und: „Tauchen!"

Ein Dampfer war aufgekommen, der sich rasch näherte und so in unseren Kurs lief, daß wir ihm über Wasser nicht mehr aus dem Wege gehen konnten.

Als wir nach einer Stunde auftauchten, war es Nacht geworden, und wir erlebten nun eine phantastische Naturerscheinung, eine meeresgeborene See-Illumination von dämonischer Großartigkeit.

Bei ruhiger See und dunklem Wasser waren wir in die Tiefe gegangen, in einem Flammenmeer tauchten wir wieder empor. Ein Meeresleuchten hatte eingesetzt von einer Intensität und Glut, wie ich es noch nie erlebt hatte und wie es vielleicht nur an der Grenze des Golfstroms möglich ist.

Als wir uns beim Auftauchen noch etwa vier Meter unter Wasser befanden, war es, als ob wir uns in einem glühenden Medium von leuchtender Durchsichtigkeit emporarbeiteten. Ich hatte, kurz bevor der Turm aus dem Wasser kam, nach achtern geblickt und sah dabei den ganzen Bootskörper mit dem Heck sich wie eine dunkle Masse durch das aufglühende Element ziehen. Von den Schrauben ging ein Feuerwirbel aus, und die ganze

Bewegung des Bootes erweckte in dem umgebenden Wasser ein wildes Phosphoreszieren, ein intensives Aufflammen und Sprühen von Funken und Feuerstreifen.

Oben hatte eine frische Brise eingesetzt und warf die aufgeregten Wasser in leuchtenden Kugeln und einem funkelnden Sprühregen über das ganze Deck. Wohin das Auge sah, erblickte es auf der Meeresoberfläche ein fahl erglühendes Gewoge, durch das unser Boot eine feurige Furche zog.

Wir stehen wie gebannt; die Erscheinung nimmt noch zu mit Wind und See.

Alle Leute von den Freiwachen kommen herauf und starren auf das märchenhafte Schauspiel, nicht achtend der Seen, die jetzt schon über das Deck fegen. Manch einer wird bis auf die Haut naß.

„As Füer kümmt et an, aber de Pip geiht ut", sagte unser riesiger Bootsmann Humke. Ein Spritzer hatte ihm zum drittenmal die Pfeife ausgezischt, so daß er sich entschloß, den geliebten Stummel schützend in der Tasche zu verstauen.

Aber das „Feuer" wurde zuletzt immer nässer, und in einer halben Stunde standen Wachoffizier und Ausguck wieder allein oben auf dem Turm...

Als wir aus dem Golfstrom heraus waren, hatten wir mehrere Tage steifen Nordwest und hohe See, bis wir am xten August das schöne Wetter faßten. An einem der nächsten Abende stand der wachhabende Erste Offizier Krapohl mit Humke auf dem Turm; unablässig suchte das Auge den Horizont ab, wo der erblassende Himmel ohne merkliche Grenze schon in die dämmernde Flut überzugehen schien.

„Füer vörut", meldet da plötzlich Humke.

„Den Stern habe ich auch schon gesehen", antwortet ruhig der Offizier und läßt das Glas sinken.

„Ja, ik weet nich, abe'n Stirn is dat nich, Herr Krapohl", meint unbeirrt der Matrose.

Die beiden machten mir Meldung, und ich kam erwartungsvoll auf den Turm. Ich nahm das Glas und lachte dann: „Humke, Sie irren!"

Denn ich sah ziemlich hoch über der Kimm ein feines weißes Licht, das, um für ein Schiffsfeuer gehalten zu werden, bei seiner Lichtstärke schon zu hoch am Horizont stand.

Der Bootsmann blieb aber ruhig bei seiner Meinung.

„Herr Koptein, en Stirn is dat nich."

Ich gab Humke das Glas, das er aber gleich wieder absetzte und dazu meinte:

„Mit de Dingers kann man doch nich örntlich sehen."

Dann kniff er die Augen zusammen, sah noch einmal scharf nach und sagte mit Bestimmtheit:

"Un et is doch en Füer un keen Stirn!"

Wir beobachteten nun scharf weiter, bis ich im Glase endlich sehen konnte, wie rechts neben dem weißen Licht ein roter Schein anfing, eben sichtbar zu werden. Jetzt wußten wir, daß da ein Dampfer uns entgegenkam.

Ich hielt ihn zunächst für ein kleines Fahrzeug, besonders da anfänglich die Höhe der beiden Lichter nicht sehr differierte, das rote Backbordlicht des Dampfers also nicht viel tiefer unter dem weißen Licht stand. Bald darauf aber mußte ich mich schon wundern, wie merklich das rote Licht auswanderte, das heißt, wie schnell der Zwischenraum zwischen beiden Lichtern zu wachsen schien.

Daraus blieb nur ein Schluß möglich: daß sich das Fahrzeug ganz außergewöhnlich rasch näherte.

Während ich noch darüber nachdachte und mir schon einen schnellfahrenden Zerstörer im Geiste ausmalte, entdeckte ich in verhältnismäßig weiter Entfernung hinter den beiden Feuern etwas, das wie ein weißer bewegter Schein, wie eine schwach beleuchtete Welle aussah.

Wir konnten und konnten nicht ausmachen, was das nun wieder zu bedeuten hatte, bis ich mir sagte, daß diese Welle zu den Lichtern gehören müsse, da sie im selben Tempo näher kam. Und richtig dauerte es nicht lange, da deuteten sich zitternd in dem scharfen Glase, nur wie geahnt, wie ein dunkles Dämmern, die riesigen

Formen eines großen Dampfers an, der mit gewaltigen Decksaufbauten durch die dunkle Nacht herankam. Der weiße Schein war seine Heckwelle, die bei den kolossalen Abmessungen des Schiffes eben erst in beträchtlicher Entfernung von den Positionslaternen zu sehen war.

Wir starrten noch ein paar Augenblicke hin, dann entdeckten wir vier ragende Schornsteine und waren uns bald klar, daß wir einen ganz großen Cunarder vor uns haben mußten, der mit abgeblendeten Lichtern, nur Topplicht und Positionslaternen fahrend, heranbrauste.

Es war wirklich eine gespenstige Erscheinung, wie das gewaltige dunkle Schiff so durch die Nacht jagte; man brauchte nicht besonders romantisch veranlagt zu sein, um sich dabei eine Begegnung mit dem „Fliegenden Holländer" vorstellen zu können, während unser Humke seine Gefühle in die Worte kleidete: „Junge, wat en Kirl!"

„Äußerste Kraft voraus" und „Ruder hart Steuerbord" entfernten wir uns von dem Kurse des stolzen Cunarders, während wieder alle Leute der Freiwache heraufgekommen waren, um sich vom Deck und aus den Luken das Schauspiel anzusehen. — —

Trotz scharfen Ausgucks kam uns in den nächsten Tagen gar nichts zu Gesicht. Da auch das Wetter weiter gut blieb, trug unsere Heimkehr noch mehr als die

Ausreise den Charakter einer ereignislosen, friedlichen Handelsfahrt.

Wir kamen erst jetzt so recht dazu, die bequeme und praktische Inneneinrichtung des ganzen Bootes, die Kabinen und unsere gemütliche kleine Messe zu genießen. Wie oft haben wir, wenn wir um den Tisch in der Messe versammelt waren und das Grammophon spielen ließen, dankbar dessen gedacht, der unserem Boot nicht nur die seetüchtige Form erfand, sondern ihm auch eine Einrichtung baute, in der sich ein recht erträgliches Leben selbst in der Untersee führen ließ.

Wenn da unser braver Stucke, stets gleichmäßig ernst blickend aus seinem ehrlichen Gesicht mit dem erstaunten Ausdruck und den weißblonden Haaren, eine Flasche guten kalifornischen Rotwein vor uns hinstellte, während wir gemütlich „irgendwo" auf dem Grund lagen und über uns in x Meter Höhe ein tüchtiger Kanalwind pfiff, dann konnte man sich ohne besondere Phantasie wie ein zweiter Kapitän Nemo vorkommen, der mit seinem höchst modernen Nautilus in alle Tiefen hinabsteigen kann und der Ungerechtigkeit und Herrschsucht eines gewissen Volkes ein Schnippchen schlägt, vorausgesetzt — daß man Jules Verne gelesen hatte.

Denn ich muß es schließlich doch gestehen, was ich bis jetzt verschwiegen hatte, was ich ängstlich bei mir behielt: ich bin erst als Handels-U-Boot-Führer auf meiner Rückkehr von Amerika dazu gekommen, einem empfindlichen Mangel meiner Bildung abzuhelfen; was ich in meiner Jugend versäumt hatte, das sollte ich erst mit neunundvierzig Jahren nachholen, erst im Druckkörper von „U-Deutschland" war mir beschieden, mich mit Jules Vernes „Zwanzigtausend Meilen unter dem Meer" bekannt zu machen.

Durch die liebenswürdige Aufmerksamkeit eines amerikanischen Freundes war mir nämlich in Baltimore ein Buch geschickt worden, ein Buch — wie soll ich sagen — zur Nacheiferung, zum Ansporn; ein Buch, das den Titel trug: „20 000 Leagues under the Sea. For young people." Ich habe es mit Interesse gelesen.

*

Was sich sonst noch auf unserer Heimfahrt ereignete, ist bald erzählt. Wir fuhren gleichmäßig friedlich dahin, wichen noch einigen Dampfern in weiter Entfernung über Wasser aus, worin wir allmählich eine recht nette Übung erlangten, hatten meistens gutes Wetter, einmal Nebel und viel glatte See.

Eines Nachmittags saß ich in meiner Kabine am Schreibtisch, um zu arbeiten, da hörte ich aus der nahe gelegenen Zentrale den Rudergänger das Kommando

„Steuerbord zwanzig" wiederholen. Gleich darauf kam „Backbord zehn", was mich veranlaßte, noch ehe die Meldung des wachhabenden Offiziers kam, an Deck zu eilen.

Da bot sich denn ein seltsamer Anblick dar: rundherum, so weit das Auge reichte, war die See bedeckt von einem Feld schwimmender dunkler Ölfässer, durch die wir uns richtig hindurchlavieren mußten.

Im ersten Augenblick hielt ich die schwarzen unheimlichen Dinger, die da vor uns auf den Wogen tanzten, für ein Minenfeld, bis uns die charakteristische Form der scharfkantigen Fässer, sogenannter Barrels, und ihr Inhalt, der sich teilweise über das Wasser verbreitete, von ihrer Harmlosigkeit überzeugte. Immerhin mußten wir mit Vorsicht durch diese seltsame Anpflanzung hindurchsteuern, aber das Feld war zu groß, um ohne erheblichen Kursverlust umfahren zu werden. Wir haben die Zahl der Fässer, die uns zu Gesicht kamen, auf mindestens tausend Stück geschätzt.

„Schöne Vorübung", sagte Krapohl, „für die Eleganz, mit der wir uns später durch die englischen Minenfelder hindurchschlängeln wollen. Ich glaube, wir können die Rückfahrt durch den Englischen Kanal riskieren."

So ging es denn mit halber Kraft Backbord—Steuerbord—Backbord über eine Stunde; auch Schifftrümmer waren zu sehen, so daß man auf einen verunglückten oder gesprengten Dampfer schließen konnte.

Wir mußten nun allmählich wieder in den Bereich der englischen Bewachungsfahrzeuge gekommen sein; der Ausguck wurde verdoppelt, alles stand auf den Tauchstationen. Ab und zu sahen wir Fahrzeuge, deren Aufmerksamkeit wir uns durch Tauchen oder Kursänderung entzogen. Einem Kriegsfahrzeug, augenscheinlich einem kleinen englischen Kreuzer, nahmen wir durch Schnelltauchen die Möglichkeit, uns auch nur zu sehen; als wir dann nach einstündiger Unterwasserfahrt wieder an die Oberfläche wollten, sahen wir aus elf Meter Tiefe mit dem Sehrohr wieder ein englisches Schiff, gingen wieder auf zwanzig Meter, und dies wiederholte sich noch dreimal.

Mittags endlich tauchten wir für gut auf, bliesen die Tanks aus und fuhren nun mit „Äußerster Kraft" über Wasser.

Von gutem Wetter begünstigt, näherten wir uns ziemlich rasch unserem Ziele; da sahen wir am zwanzigsten August, abends acht Uhr, rings am ganzen Horizont einen Kranz weißer Lichter.

Natürlich stieg in uns die Befürchtung auf, daß wir umstellt waren; drehten wir nach Steuerbord, so sahen wir die verwünschten Lichter, drehten wir nach Backbord, dann war es nicht anders.

Schließlich waren es unsere guten Zeißgläser, die die Besorgnis von unseren Herzen nahmen, im letzten Augenblick, die Heimat schon vor Augen, in eine Falle geraten zu sein. Die Dämmerung war eben noch hell genug, um uns an der Bauart der unheimlichen Schiffe erkennen zu lassen, daß wir harmlose holländische Heringslogger vor uns hatten.

Die Ankunft in der Heimat

Günstige achterliche Brise trieb mit uns der Heimat zu. Am 22. August, morgens um sechs Uhr, kam noch einmal Alarm. In weiter Ferne war etwas aufgetaucht, das wie ein Bootssegel aussah, allerdings von merkwürdiger Form. Beim Näherkommen stellte sich das Segel dann als der Turm eines U-Bootes heraus, das mit eben überspültem Deck seines Weges zog.

Obgleich wir zunächst dazu geneigt waren, angesichts des eigentümlichen Bildes, das sich uns da in der Ferne bot, beschauliche und lehrreiche Betrachtungen darüber anzustellen, wie man selber auf etwa drei Seemeilen sich ausnimmt, so war in unserem Falle doch die Überlegung näher liegend, sich möglichst rasch darüber klarzuwerden, ob wir nun ein englisches oder ein deutsches U-Boot vor uns hatten.

Wir zogen aber vor, auf alle Fälle möglichst wenig von uns sehen zu lassen und im letzten Moment dann hinunterzuflitzen.

Schon hatten wir bis Tank 3 alles geflutet, schon schlugen die Seen über das Deck und klatschten gegen den Turm, schon schnitt auch dieser halb in die grüne Flut — da stieg drüben ein uns bekanntes Flaggensignal empor, das uns die Gewißheit gab, daß wir ein deutsches U-Boot vor uns hatten.

Sofort kam unsere Antwort.

Und gleich hinterher das Kommando:

„Ausblasen mit Gebläse!"

Mit so freudigem Herzen hatte ich noch kein Kommando auf der „Deutschland" gegeben, und freudiger ist es wohl auch noch nicht ausgeführt worden, nachdem ich in die Zentrale hinuntergerufen hatte: „Hurra, das erste deutsche U-Boot in Sicht!"

Daß wir auf dem Turm und dem noch kaum aufgetauchten Deck in Öl und Seewasser standen, daß die Spritzer über uns hinweggingen, was tat's... Dort über die grüne Nordsee kam Deutschlands, des großen Vaterlandes, erster Gruß herangebraust. Mit „Äußerster Kraft" ging es voraus, alle Mann standen an Deck, und in kurzer Zeit lagen beide Boote in Rufweite voneinander.

Das erste schmetternde Hurra drang zu uns herüber, das ebenso kräftig erwidert wurde.

Dann wurden Grüße und Nachrichten ausgetauscht, und unsere Pfade trennten sich wieder: wir heimwärts, die anderen an die Arbeit.

Der Tag ging zu Ende, und noch einmal wurde es Nacht.

So fuhren wir dahin, kein Licht an Deck, kein Licht im Turm, wie ein dunkler Schatten.

Als aber am folgenden Morgen die Sonne heraufkam, da sahen wir vor uns in der Ferne eine charakteristische Silhouette, mit rötlichem Schimmer die Nebelschleier durchbrechend. Eine Insel, ein Bollwerk in der Nordsee, Helgoland, lag vor uns.

Bald fing es an, auf dem Wasser um uns lebendig zu werden; Torpedoboote schossen heran, Vorpostendampfer qualmten herzu, Flaggensignale flogen in die Höhe, Funksprüche knatterten, ein Winken und Grüßen hob an, und dann schloß sich um unsere kleine „Deutschland" der eiserne Ring der deutschen Flotte, die da draußen sicher Wacht hält; in ihrem Schutze steuerten wir nun an Helgoland vorüber dem Heimathafen zu.

Aber während wir uns schon den bekannten Gewässern näherten, da wurde uns, bevor die niedrige heimatliche Sandküste vor uns auftauchte, noch ein Schauspiel von überwältigender Großartigkeit zuteil, eine eigenartige Begrüßung, ausgeführt mit hinreißendem Schneid.

Wir sahen, wie sich von Land aus zwei große Vögel erhoben, zwei Flugzeuge, die in rasendem Flug näher kamen und wie zwei riesige Wasservögel auf die leicht bewegte See niedergingen. Sie schossen, mit den Schwimmern eben über die Flut stäubend, bis auf Steinwurfsweite an unsere „Deutschland" heran, machten eine blitzschnelle Wendung, knatterten an uns vorüber, kamen wieder und sprangen buchstäblich über uns hinweg, knapp über unserem Turm dahinbrausend, mit Hurrarufen und Mützenschwenken...

Das war unser Empfang durch die jüngste Waffe der deutschen Marine.

Man soll keine Vergleiche machen.

Aber wie wir uns wieder der deutschen Küste näherten und uns umgeben wußten vom Schutz der deutschen Marine, da drängte sich mir ganz von selbst der Vergleich mit unserer Ankunft in Amerika auf.

Man kann sicherlich nicht herzlicher und mit mehr Begeisterung empfangen werden, als wir von den Amerikanern. Ein freies, sorgloses Volk freute sich an einer kühnen Tat und gab seine Sympathie kund für ein Unternehmen, das neu und unerhört war und Männer erforderte.

Hier aber waren wir mehr als kühne und erfolgreiche Abenteurer, hier nahm uns unser eigenes Volk wieder auf als friedliche Mitstreiter in seinem großen Kampfe, hier wurde uns die beglückende Vorstellung ſeiner Macht unter der See, auf der See und in den Lüften.

Das war es, was für mich jene prachtvolle Begrüßung durch die Flieger bedeutete, was ich fühlte, als uns der ſichere Schutz der Vorpoſtenboote bis zur Außenweſer geleitete, wo wir vor dem Hohenweg-Leuchtturm Anker warfen, nach langer Zeit wieder das erſtemal im deutſchen Grund.

Der Empfang von „U=Deutschland" durch das deutsche Volk

Auf der Höhe von Helgoland bis zur Außenweser hatte uns die Marine empfangen, auf der Fahrt die Weser aufwärts und in Bremen empfing uns ein ganzes Volk.

Am Nachmittag des 23. August war die „Deutschland" vor der Wesermündung vor Anker gegangen. Der Telegraf hatte die Nachricht bald durch das ganze deutsche Land getragen, diese ersehnte Nachricht, die einen Jubel erweckte ohne Grenzen.

Überrascht und mit beglücktem Stolz wurden wir gewahr, daß die Ankunft der „Deutschland" zu einem Festtag wurde für das ganze deutsche Volk, das unserem kleinen Boot an den Ufern der Weser einen Empfang bereitete, wie er wohl noch nie einem „glückhaften Schiff" zuteil wurde. Unsere Fahrt die Weser aufwärts gestaltete sich zu einem Triumphzug ohnegleichen; hinter den Hunderttausenden, die gekommen waren und uns an den Ufern des Flusses zujubelten, standen unsichtbar die Millionen des deutschen Volkes, die dasselbe Gefühl beseelte.

Das ist uns überall in überströmender Freude und Herzlichkeit zum Ausdruck gebracht worden von alt und jung, von hoch und niedrig, vom Deutschen Kaiser bis zum einfachsten Hafenarbeiter und bis zum kleinsten Hosenmatz, der in Bremen vor Begeisterung brüllend seine Fahne schwenkte.

Von all den Äußerungen freudigsten Herzensüberschwanges, mit denen man uns überschüttete, will ich hier nur eine mitteilen, ein Gedicht, das mir ein einfacher Seemann am Tage nach unserer Ankunft schickte.

„U-Deutschland"

Das war ein Jubel von Ohr zu Ohr,
Ein deutsches U-Boot in Baltimore,
Ein deutsches U-Boot, gefahrumstellt,
Trägt deutsche Waren von Welt zu Welt!
Und wie auch der Brite die Tat verdreht,
Und wie sie alle geflucht und geschmäht:
Stolz flatterte dennoch die Flagge empor
Am deutschen U-Boot in Baltimore!

„Good day, Kaptän, woher die Fahrt?"
„Wir kommen von Bremen, sind deutscher Art!"
„Von Deutschland? Well, das nenn' ich kühn,
Ja, ließ euch der Brite denn ruhig ziehn?"
„Was kehrt uns Franzen- und Britenlug?
Wir fahren, wo Wasser um unseren Bug,
Wir fahren, wo Wasser um unser Deck,
Und wissen von keinem Britenschreck!
Doch ist es dir recht, so machen wir,
Freund Yankee, jetzt ein Geschäft mit dir.

Wir bringen so manches, was Uncle Sam
Schon lange nicht mehr in sein Land bekam."
„Well, das ist gut, ich sage yes;
Denn business bleibt business!"

Da hub sich geschäftiges Leben am Kai,
Gewichtige Kräne rollten herbei,
Die schrien und kreischten und summten dumpf,
Die tauchten hinein in des Schiffes Rumpf
Und hoben die Werte, die deutsche Hand
Über — und unter das Meer gesandt.
Das war ein Lärmen, das war ein Klang
In Bunker und Zelle, in Last und Tank.
Und draußen das Volk von Amerika
Staunend das deutsche Wunder sah! —

Leer die Bunker und leer die Last,
Wieder hebt sich lärmende Hast,
Doch der Kran, der nun in das Boot sich taucht,
Trägt fremde Waren, die Deutschland braucht! —

So schafften die Deutschen in Baltimore —
Franzosen, Russen und Briten im Chor
Schwuren mit einem gräßlichen Schwur:
„Niemals lenkt heimwärts das Boot die Spur:
Wo wir es treffen im Meeresrund,
Muß es mit Mann und Maus auf den Grund!"
Sie haben den Hafen mit Schiffen umsäumt,
Sie haben von köstlichem Fange geträumt,
Sie haben geharrt und haben gewacht,
Sie haben gelauert bei Tag und Nacht
Und hatten nur eins, nur eins im Sinn:
Die „Deutschland" darf nicht nach Deutschland hin!

Es ging die Zeit, und es kam der Tag,
Da klar zur Reise „U-Deutschland" lag.

Und wie die Hebel auf „Fahrt" gestellt,
Da lauschte mit stockendem Atem die Welt!
All unsre Feinde in West und Ost,
Sie harrten nur einer, nur einer Post:
„Das Boot, das uns so sehr gekränkt,
Liegt auf dem Meeresgrund versenkt!"

Doch die „Deutschland" fuhr, und all ihr Geschrei,
All ihre Schwüre verflogen wie Spreu.
Die „Deutschland" fuhr, und keine Gewalt
Bot ihrem ruhmreichen Wege Halt!
Wohl ging noch oftmals die Sonne auf,
Es richten sich Tage zum Wochenlauf.
Frug mancher sorgend im deutschen Land:
Wann endlich kehrt sie zum Heimatstrand?

Und nun kam der Tag, und nun fliegt das Wort
Durch hundert Millionen Kehlen fort,
Das Wort, das nimmer verklingt und verjährt:
„‚U-Deutschland', ‚U-Deutschland' ist heimgekehrt!"

Hans Dowidat,
Oberheizer auf S. M. S. „Posen".
Wohnschiff „Agir".

Am 25. August frühmorgens trat dann die „Deutschland" ihren Triumphzug weseraufwärts an. Es regnete in Strömen, aber nichts konnte die allgemeine Jubelstimmung stören, während wir, von Sperrdampfern begleitet, Masten und Turm mit Rosensträußen geschmückt, einherzogen. Gegen acht Uhr morgens sind wir auf der Reede von Bremerhaven.

Tief hängen die dunklen Wolken am Himmel und

laſſen es niederklatſchen auf die Tauſende, die am Deiche ſtehen oder auf Dampfern, Prähmen, Barkaſſen und Booten uns entgegengefahren ſind. Brauſende Hurras erſchallen von der Stadt her, und in den Jubelruf miſcht ſich der Klang der Glocken, alles aber übertönend der Geſang des Liedes „Deutſchland, Deutſchland über alles", das gerade an dieſem Tage ſeinen fünfund= ſiebzigſten Geburtstag feiert.

Mit dem Weſerlotſen an Bord geht es weiter. In Nordenham, Brake, Blumenthal grüßen Flaggen, kra= chen Donnerſchläge, ſenden Fabrik= und Dampfpfeifen ihren dröhnenden Gruß; von den Lloyddampfern ſchallen uns Willkommrufe und Glückwünſche entgegen, die wir dankend und winkend erwidern.

Vegeſack wird paſſiert, wo die Arbeit auf der „Vulkan= Werft" ruht und die Arbeiter zu Hunderten am Kai ſtehen. Ihre brauſenden Hurras begleiten die „Deutſch= land", deren Fahrt von nun an immer mehr den Cha= rakter eines Triumphzuges annimmt. Vegeſacks Bevöl= kerung iſt am Landungsſteg und dahinter am Ufer ver= ſammelt. Wieder Muſik und Geſang, Kanonenſchlag und Jubelſturm! Immer dichter werden die Reihen, je mehr das Schiff ſich ſeinem Heimathafen nähert.

Kurz vor zwölf Uhr haben wir Lankenau erreicht, deſſen Deich ſich „ganz Bremen", wie es ſcheint, als

Aussichtspunkt erkoren hat. Kopf an Kopf stehen die Menschen, mit Hüten, Schirmen, Tüchern winkend. Es ist ein ganz unbeschreiblicher Anblick, diese unübersehbare Menge, diese Tausende, wie ein schwarzes Gewoge, über das es in unaufhörlicher Bewegung flimmert von geschwungenen Schirmen, weißen Tüchern, Händen...

Genau um die Mittagsstunde fährt die „Deutschland" in den Freihafen ein und legt unter brausenden Hurras der geladenen Gäste und unter den Klängen des Liedes „Deutschland über alles" an dem festlich geschmückten Ponton an, auf dem der Großherzog von Oldenburg, die Vertreter des Bremer Senats und der Bürgerschaft, der Zivil- und Militärbehörden, der Marine, der Reedereien u. a., darunter Graf Zeppelin, sich versammelt hatten, um uns zu begrüßen. Sobald das Schiff vertäut war, ließ ich die Mannschaft an Deck Aufstellung nehmen. Herr Dr. Lohmann richtete dann folgende Ansprache an uns:

Euere Königliche Hoheit! Euere Magnifizenz! Euere Exzellenzen! Meine sehr geehrten Herren! In diesem geschichtlichen Augenblicke der glücklichen Rückkehr des ersten Handelstauchschiffes der Welt, nach Durchmessung von achttausendfünfhundert Seemeilen, begrüße ich nicht allein im Namen unserer Reederei, sondern des gesamten deutschen Volkes unsere „Deutschland" und ihre wackere Besatzung im heimatlichen Hafen! Still und nur den Eingeweihten bekannt, verließen sie die Weser, um durch und unter der englischen Flotte mit einer wertvollen Ladung Farben Baltimore am 10. Juli zu erreichen. Überraschend für die gesamte Welt war ihre Ankunft! Selbst Schiffahrtssachverständige hatten noch kurze Zeit vor ihrem Erscheinen das Unternehmen für aussichtslos erklärt! Mit besonderer Freude stelle ich fest, daß alle wahrhaften Amerikaner, die nicht angekränkelt sind von knechtischem Mammondienst zu England, Männer mit der freiheitlichen Gesinnung eines Washington und Franklin, mit warmer Genugtuung die Ankunft der „Deutschland" in Amerika begrüßten. Es ist ein Stolz unserer Reederei, daß wir unter deutscher Flagge mitten im Kriege den Vereinigten Staaten Farben sandten, während Amerika selbst nicht einmal unbehelligt seine Post von Europa bekommen kann, zu schweigen von den vielen anderen Völker- und Seerechtsbrüchen unserer Feinde gegenüber den Neutralen und besonders den kleinen Völkern. Dies vollbracht zu haben, ist das Werk der Besatzung der „Deutschland"! Fuhren sie ohne vorherige Ansage hinaus, so wurde ihre Abfahrt von Baltimore offen vorausgesagt. „Sie glich einem Triumphzuge", schrieb Havas, „und einem Symbol der Freiheit"; wie wir Deutschen uns das „Recht der Völker auf dem freien Ozean" denken, das hat diese Fahrt gezeigt. Nicht hindern konnten die Feinde ihre Ausfahrt aus der Chesapeake-Bai, und eine gesperrte Nordsee gab es bei ihrer Rückkehr für sie nicht, wie die vielen Millionen Mark Werte beweisen, die heute von der „Deutschland" aus Amerika hereingebracht wurden und in diesem Augenblicke vor uns liegen.

Sie haben eine seemännische Leistung vollbracht, die würdig ist unserer hanseatischen Vorfahren! Überall in deutschen Landen und bei unseren treuen Verbündeten, besonders aber bei unseren Brüdern draußen im Schützengraben und der Flotte ist Ihre Rückfahrt mit lebhafter Teilnahme verfolgt worden. Mit felsenfestem Vertrauen auf Ihre Umsicht, Tatkraft und Pflichttreue haben wir in der Reederei Ihrer Rückkehr entgegengesehen! Herzlich heiße ich Sie nach den angestrengten Wochen im engen Schiffsraum, angesichts rücksichtsloser Feinde, im Vaterlande wieder willkommen. Einen Dank unseres deutschen Volkes spreche ich Ihnen für diese friedliche Tat mitten im mörderischen Kriege aus. Und diesem Danke bitte ich Ausdruck zu geben, indem wir rufen:

Die „Deutschland", ihr Kommandant Kapitän König, die Offiziere und die Mannschaft Hurra! Hurra! Hurra!

Ich antwortete kurz mit einem Hoch auf Senat und Bürgerschaft der Freien Hansestadt Bremen. Wir stiegen

dann alle auf den Ponton, wo wir, jeder einzeln, vom Großherzog von Oldenburg und den übrigen Herren begrüßt
und ins Gespräch gezogen wurden.

Nach einer Überwindung von achttausendvierhundert-
undfünfzig Seemeilen, von denen nur etwa einhundert-
neunzig Meilen unter Wasser zurückgelegt werden mußten,
hatte das erste Handels-Unterseeboot seinen Heimathafen
wieder erreicht; „U-Deutschlands" erste Amerikafahrt war
zu Ende.

*

Am Abend dieses denkwürdigen Tages fand im Rat-
haus ein Festessen statt, das der Senat der Stadt Bremen
zur Feier der Heimkehr von „U-Deutschland" veran-
staltete. Die bei diesem Anlaß gehaltenen Reden schildern
in kurzen Umrissen die Umstände, die zum Bau unserer
„Deutschland" führten; sie sollen deshalb hier noch
wiedergegeben werden.

Herr Bürgermeister Dr. Barkhausen hatte die Gäste
mit herzlichen Worten willkommen geheißen, hatte Mitteilung gemacht von einem Beschluß des Senats, daß
zum Andenken an diesen Tag eine eigene Medaille ge-
prägt werden solle, und ließ dann die Deutsche Ozean-
Reederei und die Besatzung des Handels-Unterseeschiffes
„Deutschland" hochleben.

Glückliche Heimkehr: Einfahrt in den Helgoländer Hafen

Begrüßung des Bootes im Bremer Freihafen

Im Namen der Reederei erwiderte nun ihr erster Vorsitzender, Herr Dr. A. Lohmann, mit folgenden Worten:

Euere Magnifizenz! Euere Exzellenzen! Meine sehr geehrten Herren! Im Namen des Kommandanten der „Deutschland", Herrn Kapitän König, und seiner Offiziere und Mannschaften spreche ich dem Hohen Senat den auch von der Reederei tiefempfundenen Dank aus für die hohe Ehrung, die der Senat der Besatzung der „Deutschland" gewährte durch die Verleihung einer zu prägenden Medaille für dieses friedliche Werk des Handels mitten im Kriege.

Für die anerkennenden Worte der Tätigkeit meiner Mitarbeiter und meiner eigenen Tätigkeit spreche ich Eurer Magnifizenz unseren tiefgefühlten Dank aus. Ich habe gern und freudig seit Kriegsbeginn meine Tätigkeit dem Wohle des Staates gewidmet. Die Überzeugung, daß unser herrliches Volk trotz der Übermacht seiner Feinde im Verteidigungskampfe für seine Selbstbestimmung und Freiheit nicht niederzuringen ist, daß die geistige Kraft und Zuversicht, welche unser gesamtes Volk beseelt, daß die gründliche Erziehung seit den Freiheitskriegen und die selbstverständliche Pflichterfüllung, die einem jeden Deutschen in Fleisch und Blut übergegangen ist, nicht zu besiegen ist, hat mich bei allen meinen Werken geleitet, und überall habe ich treue Mitarbeiter gefunden, welche ebenso dachten.

Darum möchte ich an dieser Stelle auch allen Mitarbeitern meinen aufrichtigen Dank aussprechen. Ganz besonders möchte ich hier Herrn Direktors Stapelfeldt gedenken und meiner Kollegen im Aufsichtsrat, Herrn Generaldirektors Heineken und Herrn Kommerzienrats Herrmann. Die Deutsche Ozean-Reederei wurde, wie Euere Magnifizenz bereits ausführten, in aller Stille gegründet, und ihre Aufgabe mußte darin liegen, ausschließlich hochwertige Waren zu befördern. Es galt, die Rohstoffe drüben in aller Stille einzukaufen und sicher einzulagern, die „Deutschland" an sicherer Stelle anzulegen und vor allen Angriffen zu schützen. Dieses haben in hervorragender Weise die Agenten des Norddeutschen Lloyd, Herr Paul Hilken und sein Vater, Herr Hilken sen., sowie Kapitän Hinsch und die ihm beigegebenen Herren ausgeführt. Der Anteil, den Herr Kapitän König, seine Offiziere und Mannschaften an dem Werk haben, ist von Eurer Magnifizenz bereits hervorgehoben worden. Ich meinerseits möchte seitens der Reederei nur nochmals hier unsern Mitarbeitern auf der „Deutschland" unsern aufrichtigen Dank aussprechen.

Es wird, meine Herren, interessieren, einiges über die Entstehungsgeschichte der Deutschen Ozean-Reederei und der „Deutschland", der „Bremen" und ihrer noch ungenannten Schwesterschiffe zu hören. Als im September 1915 es klar wurde, daß trotz aller Erfolge der Mittelmächte der Krieg noch viele Monate dauern würde, war es augenscheinlich, daß die Versorgung Deutschlands mit Gummi und Metallen brennend würde. Ich zog daher die Akt.-Ges. „Weser" in Bremen ins Vertrauen, nachdem ich mit einem hervorragenden Sachverständigen im Schiffsbau Rücksprache genommen hatte. Die „Weser" erklärte sich bereit, den Plan eines Unterseebootes von zirka fünfhundert Tonnen Tragfähigkeit durchzuzeichnen und zu entwerfen. Am 3. Oktober kam ich in den Besitz der fertigen Pläne dieses Bootes. Die Bauzeit war leider mit elf Monaten bemessen, also Lieferung etwa 1. September 1916, da die Werft selbst erst die Motoren bauen lassen mußte. Es war augenscheinlich, daß wir bestrebt sein mußten, anderweitig, wenn möglich, schneller zum Ziele zu kommen. Fast gleichzeitig mit den hiesigen Erwägungen über die praktische Ausführbarkeit eines Handels-Unterseebootes hatte ohne unser Wissen die Germaniawerft, Kiel, ihrem Stammhause, der Fried. Krupp A.-G., Pläne für den Bau eines zirka siebenhundert Tonnen Tragfähigkeit messenden U-Bootes Anfang Oktober übermittelt.

Die Germaniawerft wollte in der kurzen Bauzeit

von sechs Monaten das erste Boot, die „Deutschland", bereits im April liefern. Beiden Plänen, sowohl dem der Germaniawerft als dem meinigen, lag die überzeugende Kraft inne, daß die Sache durchführbar sei, und ich möchte dieses Zusammentreffen mit einer glücklichen Ehe vergleichen, wo die gleichen Gedanken Mann und Frau beseelen. Die Werft als Mutter, welche das Kind zur Welt brachte, überließ es dem Vater, der Reederei und dem Handel, das Kind in die Welt zu führen. Die Seele und der Geist des Kindes werden verkörpert durch unsere Kapitäne, unsere Offiziere und Besatzung, welche die Prachtleistung des Hinüberbringens der „Deutschland" nach Amerika und zurück vollführt haben.

Am fünfzehnten Oktober wurden wir einig, und der Bau von zwei Booten wurde der Germaniawerft seitens des Gründungssyndikats übertragen. Der formelle Teil der Gründung der Deutschen Ozean-Reederei G. m. b. H. verzögerte sich etwas. Die Errichtung erfolgte am achten November, und die von unserm Syndikat inzwischen bestellten Boote standen dann bereits in Spanten. Die „Deutschland" wurde uns Anfang April geliefert.

Es ist ein glänzendes Meisterstück der Germaniawerft und, wie wir es gewohnt sind bei allen Werken der Fried. Krupp A.-G., perfekt in seiner Ausführung. Ehe wir unsere „Deutschland" nach Amerika sandten, haben wir zwei Monate lang Probefahrten mit ihr vorgenommen. Tadellos in jeder Beziehung ist die Ausführung gelungen. Kapitän König konnte von Amerika melden, daß nach einer Fahrt von über viertausend Seemeilen an Schiff und Maschine alles vorzüglich in Ordnung sei; ebenso lautet sein Bericht bei Ankunft heute in Bremen-Freihafen. Es ist ein Meisterwerk deutscher Technik, und der Name der Krupp A.-G. tritt wiederum leuchtend in Erscheinung.

Die Schaffung von Geschützen, von den Zweiundvierzigern bis zu den kleinsten Modellen, von Schiffsgeschützen, die begannen, erfolgreich am Skagerrak die Fessel des freien Verkehrs aller Nationen, die Flotte Englands, zu sprengen, die Lieferung von Panzern und sonstigem Kriegsmaterial verdankt das deutsche Volk in dieser vorzüglichen Ausführung den genialen Leitern und Führern des größten Werkes der Welt, und ohne Krupp ständen unsere Feinde nicht überall außerhalb des heimatlichen Bodens!

Die zielbewußte Zusammenarbeit von Geist und Kraft, die Ausnutzung aller neuen wissenschaftlichen Erfindungen und dazu die treue deutsche Pflichterfüllung, das ist es, was die Krupp A.-G. groß machte. Heute bei der Rückkehr der „Deutschland" stehen wir einer Glanzleistung der Firma Krupp in schiffsbautechnischer

Beziehung gegenüber, und auch hier zollt das deutsche Volk der Firma seinen Dank. Diesem Dank möchte ich, meine Herren, bitten Ausdruck zu geben, indem Sie mit mir einstimmen in ein dreifaches Hurra.

Die Firma Fried. Krupp A.-G., Germaniawerft: Hurra! Hurra! Hurra!

Nach dem folgenden Gang hielt Herr Direktor Zetzmann von der Germaniawerft in Kiel nachstehende Rede:

Euere Magnifizenz! Euere Exzellenzen! Sehr geehrte Herren! Es gereicht mir zur Ehre, im Namen der Firma Fried. Krupp und der Germaniawerft für die Einladung zu dem heutigen Feste des Senats unseren herzlichsten Dank auszusprechen, und ich nehme mir die große Freiheit und lasse es mir zur besonderen Ehre gereichen, auch im Namen der übrigen Gäste eines Hohen Senats den herzlichsten Dank auszusprechen.

Sodann möchte ich mich einer zweiten angenehmen Dankespflicht entledigen, und zwar gegen meinen Vorredner, Herrn Dr. Alfred Lohmann, den Vorsitzenden der Deutschen Ozean-Reederei. Herr Lohmann hat seine Rede ausklingen lassen in ein Hoch auf die Germaniawerft, in das Sie, hochgeehrte Herren, freudigst eingestimmt haben. Hierfür möchte ich im Namen der Germaniawerft und aller ihrer Beamten und Arbeiter unseren wärmsten Dank aussprechen.

Herr Lohmann hat in seiner Rede interessante Mitteilungen aus der Entstehungsgeschichte der Deutschen Ozean-Reederei gemacht, und ich möchte mir erlauben, einige Mitteilungen aus der Werkstatt zu machen, aus der die Schiffe „Deutschland" und „Bremen" hervorgegangen sind. Wir hatten uns schon lange gesagt, daß bei längerer Dauer des Krieges die Nachfrage nach gewissen Baustoffen immer dringender werden müsse. Aus den gesprächsweise gemachten Äußerungen, „man könnte doch" und „man müßte eigentlich", wurde der Entschluß, der Konstruktion eines Frachtbootes näherzutreten.

Der Entschluß wurde uns nicht leicht, nicht etwa, weil wir die Schwierigkeit der Konstruktion fürchteten, sondern weil wir es kaum wagten, unsere Konstruktionsbüros, die durch die Kriegsaufträge bis zur Bruchgrenze angespannt waren, weiter zu belasten. Aber Not lehrt beten und auch konstruieren. Zunächst versuchten wir, in Anlehnung an die Baumaße der Kriegsboote zu arbeiten, in der Hoffnung, auf diese Weise die Konstruktionsarbeit zu vermindern. Wir fanden dabei aber, daß auf diesem Wege brauchbare Tragfähigkeit und angemessene Räume nicht zu erzielen waren. Unsere leitenden Konstrukteure schlugen mir daher vor, radikal vorzugehen und nicht aus einem Kreuzer ein Frachtschiff zu entwickeln, sondern einen geborenen Frachtschifftyp zu schaffen, und nun wurden die Formen rundlich und voll, und genaue Rechnungen ergaben zu unserer angenehmen Überraschung bessere Tragfähigkeit, als im ersten Anschlag angenommen war.

Mit Feuereifer vervollständigten nun unsere Konstrukteure den Entwurf, und bald standen wir vor einem Bilde, dessen Übersetzung in die Wirklichkeit unser sehnlichstes Verlangen wurde. Aber wie sollte dies in die Wege geleitet werden? Sollten wir unserem Stammhause in Essen eine offizielle Vorlage machen? Konnten wir uns dabei nicht einen großen Korb holen? Da fügte es sich, daß ein Direktionsmitglied unserer Werft am 4. Oktober 1915 in anderen Angelegenheiten bei unserem Stammhause in Essen zu tun hatte. Dieser Herr übernahm es, so nebenbei auch einmal das Ergebnis unserer Sonderstudien der letzten Wochen vorzulegen und sozusagen einmal ins Haus zu horchen.

Die Wirkung war für uns überraschend günstig. Wie eine Bombe hatte unser Entwurf eingeschlagen. Herr Krupp v. Bohlen und das Direktorium griffen unseren Vorschlag mit größter Energie auf, und nachdem wir dann in nochmaliger Verhandlung und an Hand ausführlicheren Materials die Ausführbarkeit überzeugend nachgewiesen hatten, erklärte Herr Krupp v. Bohlen, daß ein derartiges Boot unbedingt und in kürzester Zeit entstehen müsse und daß die Germaniawerft sofort mit dem Bau eines Bootes unter eigener Verantwortung beginnen solle. So ganz eilig, wie es unser Stammhaus hatte, konnten wir doch nicht anfangen, galt es doch, noch allerhand Vorbereitungen zu treffen und Verhandlungen zu führen. Bei solcher Gelegenheit trafen wir Mitte Oktober 1915 zum ersten Male mit Herrn Alfred Lohmann zusammen.

Nun ging alles Schlag auf Schlag. Die Reederei, die entschlossen war, eine U=Boots=Flotte zu bauen, hatte ihre Bauwerft und die Bauwerft ihre Reederei gefunden. Die Ehe, wie Herr Lohmann in seiner Rede bildlich sagte, kam zwischen Reederei und Bauwerft so schnell zustande, wie es eben nur bei einer Kriegstrauung möglich ist. Alles andere wissen Sie, meine hochgeehrten Herren, aus den Ausführungen meines Herrn Vorredners.

Mir bleibt nur noch eins zu sagen übrig. Wenn es gelungen ist, das erste Boot in so kurzer Zeit fertigzustellen, so verdanken wir es in hohem Grade unserer Stammfirma und allen Unterlieferanten, die uns alle Baustoffe und Hilfseinrichtungen trotz starker sonstiger Inanspruchnahme in erstaunlich kurzen Zeiten geliefert haben. Ganz besonders drängt es mich aber, mit herzlichem Danke auszusprechen, daß der Verkehr mit der

Deutschen Ozean-Reederei und später mit dem Kommando des Schiffes sich in der angenehmsten Weise vollzogen hat. Mit großem Vertrauen sind Reederei und Kommando auf alle unsere Vorschläge eingegangen.

Diesem verständnisvollen und großzügigen Vorgehen ist es mit zu verdanken, daß die kurze Bauzeit innegehalten werden konnte und daß die Probefahrten so glatt verlaufen sind. Mit größtem Vertrauen haben wir daher das Schiff seine erste Reise antreten sehen.

Unser Vertrauen ist in glänzendster Weise gerechtfertigt worden. Unsere heißen Wünsche, mit denen wir das Erzeugnis unserer Werft begleiteten, sind voll in Erfüllung gegangen.

Wünschen wir der Reederei weiter solch schöne Erfolge, der „Deutschland" und ihren Schwesterschiffen weiter glückhafte Fahrten, zum Wohle unseres geliebten Vaterlandes, zum Ruhme der ehrwürdigen Hansestadt Bremen.

Die heutige Feier wird allen, die sie mitmachen durften, eine Erinnerung fürs Leben bleiben, und die Feier wurde in schönster Weise beschlossen durch das Fest, das uns der Hohe Senat im Neuen Rathause bereitet hat. Wenn erst dieser neue Teil des Rathauses so ehrwürdig geworden ist wie der alte, so wird man sich vielleicht erzählen, daß hier die glückliche Ozeanfahrt des ersten Untersee-Handelsschiffes der Welt gefeiert worden ist.

Unseren Dank für das herrliche Fest und unsere guten Wünsche für Bremen möchte ich zusammenfassen, und ich bitte die hochgeehrten Herren einzustimmen, in den Ruf: Der Hohe Senat der freien Hansestadt Bremen und der Staat Bremen leben Hoch! Hoch! Hoch!

Ohne daß die Veranstaltung einer öffentlichen Feier auf dem Marktplatze bekanntgegeben war, strömten abends tausende Angehörige aller Stände, ihrem Gefühle folgend, dort zusammen, und als dann die Militärkapelle des Regiments Bremen auf der Börsentreppe ihre Vorträge begann, füllte sich der Platz, und eine Feier kam zustande, wie sie nicht schöner sein konnte. Immer wieder kam das vaterländische Hochgefühl zum Durchbruch und gab sich in Liedern, die aus der Menge heraus hier und dort angestimmt und dann gemeinschaftlich gesungen wurden, kund. Immer wieder drangen zu uns die Rufe: Lohmann! Zeppelin! König!, so daß wir gezwungen waren, den Rufen der Menge Folge zu leisten und mit der Besatzung auf dem Söller des Alten Rathauses zu erscheinen. Ein Sturm der Begeisterung umgab uns, und als ich ein Hurra auf den Kaiser ausbrachte, stimmte die Menge auf das lebhafteste ein. Zu aller Freude ergriff Graf Zeppelin wiederholt das Wort und gab jugendfrisch, weithin verständlich, in kurzen, markigen Sätzen folgenden Gedanken Ausdruck:

Deutschland, Deutschland über alles! Ein Hoch auf Bremen und seine Söhne! Was soll ich sagen? Wenn man eine solche Stimmung im deutschen Volke sieht, darf man niemals verzweifeln, wir werden siegen. Hurra! Unendlichen Jubel lösten diese Worte aus, ebenso diejenigen, welche ich voll Vertrauen hinzufügte: Wir sind durchgekommen, wir kommen immer durch! Wir haben die Engländer mit unseren U-Booten zu besiegen und durchzuhalten!

Dem einmütigen Wunsche der Menge Rechnung tragend, trat schließlich Herr Dr. Lohmann an die Brüstung des Söllers und gedachte mit einem kurzen, kernigen Wort der Verdienste des Grafen Zeppelin und meiner selbst. Im Anschluß daran spielte die Kapelle das Niederländische Dankgebet „Wir treten zum Beten vor Gott den Gerechten", das allgemein mitgesungen wurde.

Inzwischen war die Dunkelheit eingetreten, und längst beleuchteten die elektrischen Bogenlampen den Marktplatz mit dem Alten Rathause, das mit dem von innen herausstrahlenden Lichterglanz einen wundervollen Anblick gewährte. Niemand dachte an ein Ende dieser großartigen Feier. Wieder und wieder wurde gesungen. Da nahm der Präsident des Senats, Bürgermeister Dr. Barkhausen, das Wort und sprach:

Wir haben uns hier versammelt, um das Gelübde zu erneuern, daß wir den Geist, der die Fahrt der „Deutschland" begleitet hat, bewahren wollen, als den eigentlichen deutschen Geist, durch den wir auch siegen werden! So lassen Sie uns die wundervolle Feier schließen, indem wir rufen: Deutschland, Deutschland über alles! Hoch lebe Kaiser und Reich! — Wieder jubelnde Zustimmung. Aber der freundlichen Aufforderung, nun Schluß zu machen, kam niemand nach. Die Menge hielt stand!

Noch einmal sah ich mich gezwungen, zur Menge zu sprechen. Ich tat es kurz und bündig und rief hinab, so wie es mir ums Herz war: Gute Nacht! Ich bin furchtbar müde! Und so endete dieser in der vaterländischen und vaterstädtischen Geschichte denkwürdige Tag.

Wie die „U-Deutschland" ein Kriegsboot wurde

Die Schilderung, die der Kapitän König von der ersten Fahrt der „U-Deutschland" gibt, von den Gefahren und Schwierigkeiten, die zu bestehen waren, und die schließlich zu einem überwältigenden Sieg in der friedlichsten Schlacht des Weltkrieges wurde, drängt die Frage auf: was wurde weiter? Hat „U-Deutschland" noch mehr Fahrten gemacht? Wie war das Ende?

Im Herbst 1916 fuhr Kapitän König mit seiner tapferen Mannschaft zum zweiten Male über den Atlantischen Ozean. Wieder kam er wohlbehalten drüben an, wieder wurden die Laderäume mit wichtigen Rohstoffen gefüllt. Wie wichtig diese Transporte waren, ersieht man schon daraus, daß eine Ladung Gummi, die „U-Deutschland" mit nach Hause brachte, den Kriegsbedarf für sechs Monate deckte. Außer Gummi waren aber große Mengen Silber, Zinn, Nickel, viele andere Metalle, Apparate für Funkentelegrafie und anderes mehr als Frachtgut auf „U-Deutschland".

Im November 1916 wurde die Rückfahrt angetreten.

Leider brachte diese zweite und letzte Fahrt als Handelsschiff auch Verluste an Menschenleben.

Bei der Ausfahrt aus Baltimore hatte „U-Deutschland" einen Zusammenstoß mit einem Schlepper. Kapitän König berichtet in seinem Schiffstagebuch darüber folgendermaßen:

17. November... während diese Kurse gesteuert wurden, befand sich „Scott" an Steuerbord voraus und „Cassio" (zwei Schlepper) an Steuerbord achtern. Näherten uns mit „alle Fahrt" „Scott", ihn gut freilassend an Steuerbord. Um zwei Uhr dreißig, als „Scott" sich in zirka zwei Schiffslängen Abstand befand, scherte er plötzlich vor unseren Bug. Gaben sofort hart Backbord und gingen äußerste Kraft zurück, jedoch ließ sich eine Kollision nicht mehr vermeiden. „Scott" wurde von unserem Steven an Backbord achtern getroffen, warf sich auf die Seite und sank in wenigen Sekunden. Rettungsgürtel wurden sofort über Bord geworfen und die Unfallstelle zusammen mit „Cassio" abgesucht, ohne Erfolg von unserer Seite... Bei der Kollision wurde der Steven verbogen und Tank 5 leck.

„U-Deutschland" muß zurück zur Reparatur. Schlimmer ist, daß fünf Todesopfer zu beklagen sind, Mannschaften des gesunkenen amerikanischen Schleppers. Eine Gerichtsverhandlung droht, und nur gegen Hinterlegung einer hohen Kautionssumme erlauben die Vereinigten Staaten die Ausfahrt der „U-Deutschland".

Am einundzwanzigsten November ist es so weit. Am zehnten Dezember langt „U-Deutschland" wiederum glücklich in Bremerhaven ein.

Und schon wird wieder alles zu einer neuen Ausfahrt bereitet, das Boot gründlich überholt, mit Eisbrechern am Bug versehen und neu geladen. Schon ist man seeklar und wartet, wartet, da fällt die bittere Entscheidung. Es ist aus mit den Fahrten. Amerika hat die diplomatischen Beziehungen mit Deutschland abgebrochen. Stündlich rechnet man damit, daß es sich auf die Seite unserer Gegner schlägt.

Und „U-Deutschland"? Und Kapitän König?

Im Nachlaß des Kapitäns befand sich folgendes Schriftstück: „Niederschrift über die Übergabe des Handels-Unterseebootes ‚Deutschland'. Anwesend: Herr Kapitänleutnant der Reserve Paul König, handelnd im Auftrage des Reichs-Marine-Amtes, Berlin; Herr Adolf Stadtländer, handelnd im Auftrage der Deutschen Ozean-Reederei, Bremen.

Die ‚Deutschland' wurde heute um neun Uhr vormittags in dem Zustande, in welchem sie sich gegenwärtig befindet, von der Deutschen Ozean-Reederei G. m. b. H., Bremen, mit vollem Inventar und

Begeisterung in Bremen

„U=Deutschland" in Amerika bei seiner zweiten Fahrt

Reserveteilen an das Reichs-Marine-Amt abgeliefert. Das Schiff ist nunmehr in den Besitz des Reichs-Marine-Amtes übergegangen, für dessen Rechnung und Gefahr es fortan liegt.

Es befinden sich an Bord: 355,534 Tonnen Eisenballast und Proviant laut anliegender Aufstellung. Der Ölvorrat wird mit 140,840 Tonnen Treiböl und 7810 Kilogramm Schmieröl festgestellt. Genaue Aufstellung des Inventars findet in Kiel statt. Unterschrieben in drei Ausfertigungen. Bremerhaven, den 8. Februar 1917. Folgen Unterschriften."

Und das Schiffstagebuch meldet die weitere Geschichte: „Sonnabend, den 10. Februar: ‚U-Deutschland' erhält die Bezeichnung ‚U 155'. Montag, den 19. Februar: Zwölf Uhr Übergabe des Schiffes an Kapitänleutnant Meusel."

Hier schließt das Tagebuch der „U-Deutschland", die als „U 155" noch viele Erfolge für die deutschen Farben erringen konnte. Am 12. September 1917 schreibt Generaldirektor Lohmann an Kapitän König, der sich natürlich noch immer für „sein" Boot interessiert, folgenden Brief, der zum erstenmal aus dem Nachlaß veröffentlicht wird:

„Streng geheim!

Lieber Herr Kapitän König!

Vom Admiralsstab erhielt ich streng vertrauliche Mitteilung über den Erfolg der ‚U-Deutschland'. Der Admiralsstab schreibt wie folgt:

‚Bei dem großen Interesse, welches, wie hier bekannt, noch immer für die Tätigkeit des früheren Handels-Unterseebootes ‚U-Deutschland' in Bremen vorhanden ist, wird ergebenst und streng vertraulich mitgeteilt, daß dieses Boot unter dem Kommando des Kapitänleutnants Meusel im südwestlichen Teil des Sperrgebietes um England und in der Nähe der Azoren nachstehende Erfolge gehabt hat:

Es wurden 19 Schiffe mit 53 500 Bruttoregistertonnen versenkt, unter denen sich 6 bewaffnete Dampfer und 3 bewaffnete Segler befanden. Unter den versenkten Ladungen waren 18 650 Tonnen Kohlen, 15 000 Tonnen Lebensmittel, 11 890 Tonnen Eisenerz, 2500 Tonnen Weizen, 2500 Tonnen Stückgüter, 2760 Tonnen Farbholz, 208 Tonnen Farbholzextrakt, 1400 Tonnen Schwefel, 3000 Tonnen Stacheldraht, 13 Lokomotiven und die Paketpost für das kanadische Hauptquartier in Frankreich. Sechs Geschütze wurden erbeutet. Das Boot befindet sich wohlbehalten in einem Heimatshafen.'"

Die schwerste Kriegsprüfung hatte „U 155" am 17. April 1918 zu bestehen in einem Kampf mit dem italienischen Transportkreuzer „Sterope". Dieser Transportkreuzer wurde nicht durch einen Unterwasserangriff versenkt, sondern nach einem einstündigen Artilleriegefecht niedergerungen, obwohl er an Geschützzahl, Geschwindigkeit und Manövrierfähigkeit dem U-Boot weit überlegen war.

Der Kommandant, Kapitänleutnant Eckelmann, hat über diesen Kampf eine fesselnde Darstellung gegeben:

Nach nahezu dreimonatiger Kriegführung in dem Gebiet zwischen der spanisch-afrikanischen Küste und den Azoren gegen den Handelsschiffsverkehr nach dem Mittelmeer, wobei zweiundfünfzigtausend Tonnen Schiffsraum mit Ladung versenkt wurden, war es Zeit, an die Heimreise zu denken, wenn der Brennstoff bis Kiel reichen sollte. Zuvor mußten die Motoren gründlich überholt werden, um mit höchster Geschwindigkeit und ohne Maschinenversager das besonders gefährdete Gebiet der Faröer, der Nordsee und des Kattegatt durchlaufen zu können. Diese Überholung beanspruchte für jeden Motor drei bis vier Tage. Während dieser Zeit war nur eine Maschine verwendungsbereit, wodurch die Überwassergeschwindigkeit auf etwa fünf Seemeilen gesetzt und die so schon sehr mangelhafte Manövrierfähigkeit noch weiter verschlechtert wurde. War ein Gefecht unter solchen Umständen schon keine ganz reine Freude, so brachte es außerdem

Unterbrechung der Überholungsarbeiten mit sich, die aber mit Rücksicht auf den Brennstoffbestand nicht länger als acht Tage dauern durften. Ich verlegte daher unseren Standort auf etwa zweihundertfünfzig Seemeilen westlich Lissabon, wo ich wenig Verkehr annahm.

Drei Tage verliefen auch ruhig, bis am siebzehnten April, einem Sonntagmorgen, sieben Uhr zwanzig, die Meldung „Dampfer in zweihundertsiebzig" die Stille unterbrach. Der Dampfer fuhr rauchlos und war grau gemalt, weshalb er später als gewöhnlich entdeckt worden war, und kam sehr schnell näher. Er hatte Kurs direkt auf uns, ein selten günstiges Angebot für einen Unterwasserangriff, das natürlich mit Freuden begrüßt wurde, wenn es auch in das Überholungsprogramm nicht hineinpaßte. Es war gerade noch Zeit, das Boot unter Wasser und auf Kurs für Torpedoangriff zu bringen, als er auch schon in der für genauere Beobachtung durch das Sehrohr erforderlichen Nähe war. Er sah aus wie ein Handelsdampfer von acht- bis zehntausend Tonnen; auffällig war nur seine für ein solches Schiff ungewöhnlich hohe Geschwindigkeit, die ich auf sechzehn Seemeilen schätzte. Das Wichtigste war, zu erkennen, ob er bewaffnet wäre; vorläufig konnte ich aber keine Bewaffnung entdecken. Da fast alle bisher angetroffenen Dampfer mit Geschützen ausgerüstet gewesen waren, konnte gar nicht zweifelhaft sein, daß dieses hochwertige Schiff auch Geschütze führte, die aber sehr gut maskiert sein mußten.

Durfte ich nun den im Gange befindlichen Torpedo-angriff durchführen? Eine schwere Frage. Wir befanden uns außerhalb des Sperrgebietes, und ich durfte hier nach den Bestimmungen für die Führung des U-Boot-Krieges einen unbewaffneten Dampfer nicht kurzerhand abschießen, sondern mußte ihn anhalten und untersuchen.

Das bedeutete in diesem Fall, das Boot im Artillerie-Gefecht aufs Spiel setzen, mit sehr zweifelhaften Aussichten auf Erfolg im Gegensatz zu sehr wahrscheinlichem Erfolg ohne Gefährdung des Bootes beim Unterwasser-angriff.

So unsinnig die Sache auch war, es half nichts, gegen meine Überzeugung mußte ich — nicht aus Kriegs-notwendigkeit, sondern um einer papiernen Bestimmung zu genügen — das ganze Boot einsetzen, und zwar in allerschärfster Form, um den Erfolg zu erzwingen. Die Bugrohre waren schon „fertig", trotzdem befahl ich „fertig zurück", lief den Angriffskurs weiter, schor in das Kiel-wasser des Dampfers ein und tauchte sofort auf, in der Hoffnung, daß der feindliche Ausguck eine Gefahr achter-aus am wenigsten vermuten und seine Aufmerksamkeit voraus gerichtet haben würde. Der Bugschuß wäre auf drei- bis vierhundert Meter gefallen. Als ich aus dem

Turmluk stieg, betrug die Entfernung achtzehnhundert Meter, und sie war auf dreitausend Meter gestiegen, als nach zwei Minuten (sieben Uhr zweiundfünfzig) der erste Warnungsschuß aus dem vorderen Geschütz fiel.

Bis dahin war „U 155" von dem Dampfer offenbar nicht gesehen worden. Auf den Schuß hin drehte er etwas ab und eröffnete sofort aus drei Geschützen ein lebhaftes Feuer, dessen Einschläge sehr bald in nächster Nähe des Bootes lagen. Nur energische Zickzackkurse und der liebe Gott konnten uns vor Treffern bewahren.

Ich hatte gar keine andere Entwicklung erwartet. Ein einziger Treffer, selbst nur ein Sprengstück in die Bunker hätten genügt, „U 155" zu erledigen; schon einfache Ölverluste mit ihren Ölspuren hätten die Durchführung der Heimreise sehr in Frage gestellt.

Daß nun der Gegner nicht zum Angriff überging, sondern glaubte, sich der Gefahr durch Davonlaufen entziehen zu können, war unsere Rettung und sein Verderben. Allerdings muß man seiner Überlegung zugute halten, daß er einer solchen Auslese von hervorragenden Geschützführern und einer so aufeinander eingearbeiteten gefechtsgewohnten Besatzung, von der jeder einzelne mehr als seinen Mann stellte, vorher kaum begegnet sein wird. Mit aufs höchste gesteigerter Geschwindigkeit versuchte der Dampfer unter Einlegen von Zickzackkursen zu entkommen, wobei er feuerte, was drei, zeitweise auch alle vier Geschütze schaffen konnten. Wir waren auch nicht müßig mit unseren beiden Fünfzehn-Zentimeter-Geschützen und konnten mehrfach Treffer am Ziel beobachten, während wir selbst von Treffern verschont blieben, trotz häufig bedrohlicher Nähe der Einschläge. Nach drei viertel Stunden (acht Uhr vierzig) waren einhundertvierzig Schuß gefeuert, als unser vorderes Geschütz ausfiel (Materialbruch); mit dem achteren wurde nun allein weitergefeuert. Da der Gegner dreimal so schnell lief als wir selber und die Entfernung bisher entsprechend zugenommen hatte, war uns die Feststellung sehr erfreulich, daß sie plötzlich anfing abzunehmen, und kurz darauf stellte der Gegner sein Geschützfeuer ein, worauf auch wir mit Feuern aufhörten (neun Uhr).

Beim Näherkommen erkannten wir, daß er gestoppt lag, in den Toppen weiße Flaggen gesetzt hatte und daß die ganze Besatzung in dreizehn Booten in der Gegend umhertrieb. Aus einem Boot wurde um Hilfe für einen schwerverwundeten Offizier gerufen; wir nahmen ihn an Bord, und unser Schiffsarzt, vom Munitions-Mannen noch kaum bei Atem, bemühte sich um ihn, als wäre es einer von uns; beide Beine waren ihm von Sprengstücken zerschmettert. Zu unserer Freude stellten wir nun fest, daß unser Gegner kein Handelsschiff, sondern ein italienisches

Kriegsschiff, der Transportkreuzer „Sterope", war. Die Italiener, einhundertzweiunddreißig Mann Marinebesatzung, waren in die Boote gegangen. Da sie immerhin zweihundertundfünfzig Seemeilen bis zur nächsten Küste in ihren Booten zurücklegen mußten, gestattete ich ihnen stärkere Proviantausrüstung und entließ sie dann.

Die Besichtigung an Bord der „Sterope" ergab, daß zwölf Treffer zwar eine erhebliche Verwüstung angerichtet hatten, von wirklich wichtigen Teilen aber nur die Ruderleitung zerschossen war, ein Schaden, der hätte repariert werden können. Im übrigen: zwei intakte Maschinen, Geschwindigkeit über fünfzehn Seemeilen, vier gute 7,5-Zentimeter-Schnelladegeschütze mit moderner Befehlsübermittlungsanlage und Meßgerät, moderne große F.-T.-Station, dazu eine Ladung von fünftausendfünfhundert Tonnen Heizöl.

Schon glaubten wir, einen idealen Kreuzer für den Handelskrieg erbeutet zu haben. Aber der Traum, „U 155" mit dem notwendigsten Personal nach Hause zu schicken und mit dem größeren Teil seiner Besatzung auf „Sterope" überzusteigen, war zu schön und konnte zu unserem größten Bedauern nicht verwirklicht werden, weil die Kessel nicht von der Ölladung geheizt werden konnten. Diese hatten nur Einrichtung für Kohlenfeuerung, und der Kohlenbestand betrug nur noch zweihundert Tonnen. So blieb auch für dieses schöne Schiff nur der Weg seiner Vorgänger: es wurde versenkt. Aber erst, nachdem zwei Geschütze geborgen und unser Prisenkommando überall gründlich abgesucht hatte. Dabei wurden unter den Leichen des Kommandanten und des Ersten Offiziers auf der Brücke im Kartenhaus zwischen Trümmern wertvolle Geheimsachen gefunden, die unserer Seekriegsleitung sehr willkommen und nützlich waren. Auch die Kriegsflagge fand sich dort in ihrer schönen bleibeschwerten Truhe. — —

Von seiner letzten Kriegsfahrt kehrte „U 155" wenige Tage nach der Revolution zurück. Auch ihm blieb das bittere Schicksal nicht erspart: mit allen übrigen Kriegsunterseebooten wurde es an England ausgeliefert.

Die englische Regierung verkaufte für fünfhundert Pfund Sterling das Boot, das jetzt nur noch ein Stück totes Eisen war. Der neue „Besitzer", Mister Bottomley, ließ es zu einem wohltätigen Zweck gegen Eintrittsgeld besichtigen. Aus der stolzen „U-Deutschland", dem tapferen Kriegsboot, war ein Museumsstück geworden.

Beim Herumschleppen von einem Hafen zum andern geriet das Boot eines schönen Tages auf ein Riff und erlitt so schwere Beschädigungen, daß es nun nicht einmal mehr zu Besichtigungszwecken dienen konnte. Es wurde 1922 verschrottet.

Über das weitere Schicksal Kapitän Königs hat einer seiner Freunde, Kapitänleutnant Hans Rose, der vortreffliche U-Boot-Lehrer der deutschen Flotte, gelegentlich des Todes des „Königs der Tiefe" folgende Sätze geschrieben:

„Als ‚U-Deutschland' nach der Kriegserklärung der Vereinigten Staaten in die Kriegsmarine übernommen wurde, war für Kapitän König die kurze Spanne ruhmreicher Fahrten beendet, und er hätte bei seinem Alter sich zur Ruhe setzen können. Aber Pflichtgefühl, das frei von Ehrgeiz war, veranlaßte ihn, seine Kräfte weiter dem Vaterlande zu widmen: er übernahm die Führung einer Sperrbrechergruppe. Das war ein sogenanntes Himmelfahrtskommando. Lief man mit seinem Sperrbrecher auf Minen, so hatte man allerhöchstens seine Pflicht getan. Und der wackere Kapitän König tat seine Pflicht mit gütigem Lächeln in seinen dunklen, von vielen Fältchen umsponnenen Augen.

Nach Kriegsschluß trat Kapitän König wieder zum Norddeutschen Lloyd zurück; er übernahm die Leitung der Navigationsabteilung und bearbeitete die Personalien der Schiffsoffiziere."

Es wäre ungerecht, nur „U-Deutschland", Kapitän König, seiner Mannschaft und den Vätern dieser Idee einen Lorbeerkranz zu widmen, ohne minder glücklicher, doch gleicherweise tapferer Männer zu gedenken.

Neben die Freude haben die Götter den Schmerz gesetzt, und die Nation, die jubeln darf über „U-Deutschland", nimmt Hut und Helm ab in stiller Trauer um „U-Bremen".

Das Schicksal der „U-Bremen"

Am 26. August 1916 verließ „U-Bremen" mit ihrem Kommandanten Kapitänleutnant Schwarzkopf den heimatlichen Hafen, um ihre erste Reise anzutreten. Niemand hat je wieder von ihr gehört.

Nachfragen bei der englischen und der französischen Admiralität nach dem Kriege haben ergeben, daß das Schiff nicht versenkt worden ist, und ebenso ist es sehr unwahrscheinlich, daß es auf eine Mine lief, denn sonst hätte man wohl einmal angeschwemmte Teile gefunden oder Trümmer aufgefischt. Viel eher besteht die Möglichkeit, daß „U-Bremen" beim Tauchen in hoher See eine Panne hatte und bei zu großer Fahrt keine Möglichkeit fand, wieder aufzutauchen, so daß das Schiff nun irgendwo im großen Atlantik ruht.

*

So ist Paul König mit seiner „U-Deutschland" nicht nur der erste gewesen, der als Kolumbus der Tiefe mitten im Krieg den Ozean bezwang, er ist bis heute der einzige geblieben. Er war kein Mann der Worte, sondern ein

Mann der Tat. Ruhm galt ihm wenig. So ist es gekommen, daß man erst heute aus den Schiffstagebüchern und den hinterlassenen Dokumenten erfährt, wie „U-Deutschland" wirklich fuhr, wie es viermal Tausende von Gefahren bezwang und viermal zum Ziel und Sieg kam, zur friedlichsten Heldentat des großen Krieges.

*

www.ingramcontent.com/pod-product-compliance
Lightning Source LLC
Chambersburg PA
CBHW021707230426
43668CB00008B/758